陕西师范大学"一带一路"智库集成

英雄在线：
丝绸之路的开辟者和捍卫者

朱鸿 著

丝绸之路通鉴

主编＝甘晖

副主编＝游旭群　周伟洲

陕西师范大学出版总社

图书代号　SK17N0161

图书在版编目(CIP)数据

英雄在线：丝绸之路的开辟者和捍卫者 / 朱鸿著. —西安：陕西师范大学出版总社有限公司，2017.6
（丝绸之路通鉴 / 甘晖主编）
ISBN 978-7-5613-8519-7

Ⅰ.①英… Ⅱ.①朱… Ⅲ.①历史人物—生平事迹—中国—古代 Ⅳ.①K820.2

中国版本图书馆 CIP 数据核字（2016）第 141460 号

英雄在线：丝绸之路的开辟者和捍卫者
YINGXIONGZAIXIAN：SICHOUZHILU DE KAIPIZHE HE HANWEIZHE
朱　鸿　著

出版统筹	刘东风	
责任编辑	刘　定　赵　曦	
责任校对	尹海宏	
装帧设计	杨　柯	
封面插图	崔　彬　李文炯	
出版发行	陕西师范大学出版总社	
	（西安市长安南路199号 邮编710062）	
网　　址	http://www.snupg.com	
印　　刷	中煤地西安地图制印有限公司	
开　　本	720mm×1020mm　1/16	
印　　张	9.75	
插　　页	2	
字　　数	130千	
版　　次	2017年6月第1版	
印　　次	2017年6月第1次印刷	
书　　号	ISBN 978-7-5613-8519-7	
定　　价	26.00元	

读者购书、书店添货或发现印刷装订问题，请与本社营销部联系、调换。
电话：(029)85307864　85251046(传真)

《丝绸之路通鉴》序一

中国古代有一条历时久远的经由中亚通往南亚、西亚以及欧洲、北非的陆上贸易通道,通过此道,产自中国的丝、丝织品、陶瓷等物品运送到了以上地区,由于其运送的货物以丝绸制品影响最大,故称"丝绸之路"。1877年,德国地理学家李希霍芬在其出版的《中国》一书中,把"从公元前114年至公元127年间,连接中国和河间地区(指中亚阿姆河与锡尔河之间地带)、中国与印度以丝绸贸易为媒介的这条西域交通道路"命名为"丝绸之路",简称"丝路"。这一称谓被学术界和民间所接受,并广为沿用。其后,德国历史学家赫尔曼在20世纪初出版的《中国与叙利亚之间的古代丝绸之路》一书中,依据新发现的考古资料,把丝绸之路延伸至地中海西岸和小亚细亚,确定了"丝绸之路"的基本内涵,即中国古代经过中亚通往南亚、西亚以及欧洲、北非的陆上贸易通道。

虽然人们在对商代帝王武丁配偶坟茔的考古中,已发现了产自新疆的软玉,证明至少在公元前13世纪,中原已开始和西域乃至更远的地区有商贸往来,但是严格意义上的丝绸之路奠定于两汉时期。西汉张骞出使西域时开辟的以长安(今陕西西安)为起点,经由甘肃、新疆,到中亚、西亚,并连接地中海沿岸各国的陆上通道已经形成,这条通道被称为"西北丝绸之路"。公元前119年,张骞第二次出使西域,经4年时间先后到达乌孙、大宛、康居、大月氏、大夏、安息、身毒等国,扩大了与西域各国的交往。张骞出使西域,最初主要是出于制御匈奴的考虑,后来则演变为"广地万里,重九译,致殊俗,威德遍于四海",即旨在保护疆域和发展经济。汉武帝曾招募大量商人,到西域各国经商,由此吸引了更多人从事丝路贸易活动,极大地推动了中原与西域之间的物质文化交流。之后,汉宣帝于神爵二年(前60),设立了直接管辖西域的机构——西域都护府,屯田于乌垒城(今新疆轮台东),以保障西域商路的通畅。随着汉朝在西域设立官员,丝绸之路日渐繁荣,大量丝帛锦绣源源不断西运,同时西域各国的珍奇异物也输入中原。到魏晋时,东西方商业往来仍然不断,位于丝路咽喉要地的敦煌,就是当时胡商的重要聚集地之一。到公元5—6世纪时,中国南北朝分立,但东西方沿丝路的交往却一直没有中断。北魏建国后不久就派使者前往西域,以后中亚各国的贡使、商人常聚集于平城(今山西大同东北),从事商业贸易。北魏迁都洛阳后,洛阳又成为各国商人的荟萃之地。至隋时,隋炀帝还曾派黄门侍郎裴矩到张掖招徕西域商人,说明当时丝路依然兴旺。

到7世纪后,唐代社会的繁荣使西北丝绸之路再度兴旺。唐王朝借着击破突厥的时机,一举控制了西域各国,并在伊州、西州、庭州三地设立同于内地的州县,在龟兹、于阗、疏勒、碎叶设立安西四镇,作为唐朝政府控制西域的机构,驻兵设防,并新修了玉门关,再度开放沿途各关隘。唐不仅打通了天山北路的丝路分线,还将西线延伸至中亚,使丝绸之路更为通畅。当时的长安、洛阳有大量商胡出入,已呈现出国际大都会的风貌。丝绸之路不仅是东西方商业贸易之路,也是中国和亚欧各国政治、文化交流的通道。西方的音乐、舞蹈、绘画、雕塑、建筑以及天文、历算、医药等,也通过此路先后传入中国。源于西亚、中亚的祆教、摩尼教、景教、伊斯兰教等宗教以及源于印度的佛教,也通过丝路传入中国,产生了深远影响。而中国的纺织、造纸、印刷、火药、指南针、制瓷、绘画以及儒家、道教等,也通过此路传向西方,产生了较大的影响。

从9世纪末到11世纪,中国政治、经济、文化中心向东南沿海转移,加之阿拉伯世界的兴起,东西方海上往来逐渐频繁起来;又由于中国西北地区各民族政权的分裂、对立,丝路安全难以保障,西北这条陆上通道的重要性逐渐降低,而相对稳定的南方对外贸易则明显增加,遂带动了南方丝绸之路和海上丝绸之路的兴起和繁荣,成都和泉州也因此成为南方的经贸大城。中国人此时开始将他们发明的指南针和其他先进科技运用于航海,海上丝绸之路迅速发展起来。

如果从发展的视角和广泛的意义上说,丝绸之路主要有三条:西北丝绸之路、南方丝绸之路和海上丝绸之路。海上丝绸之路是陆上丝绸之路的延伸,形成于宋元时期。海上丝绸之路不仅运送丝绸,还运送瓷器、糖、五金以及香料、药材、宝石等货物。由于运输货物品种的不同,海上丝路也出现了一些别称,如"陶瓷之路""香料之路"等。海上丝绸之路早已存在,《汉书·地理志》所载海上交通路线,实为早期的海上丝绸之路。当时海船载运的"杂缯",即各种丝绸。海上丝绸之路的起航线可分为东海和南海两支。东海起航线从中国的东南沿海经由朝鲜至日本;南海起航线则从雷州半岛起,途经今越南、泰国、马来西亚、缅甸等国,远航至新加坡、印度等地。到宋代时,泉州、广州和明州成为海上丝绸之路最大的海港,通常将泉州作为海上丝绸之路的起点。南方丝绸之路,起点为四川成都,经"灵关道""朱提道""夜郎道"三路,进入云南,在楚雄汇合后并入"博南古道",跨过澜沧江,再经"永昌道""腾冲道",在德宏进入缅甸、印度等地。丝绸之路的多途打通,让中国通往西方的商路更得以扩展。这就将中原、西域与阿拉伯、波斯湾等地紧密联系在一起,向西延伸到了地中海地区,以至可到达法国、荷兰、意大利、埃及,向东到达韩国、日本。不过,这已不同于原来意义上的丝绸之路了,可视其为广义的丝绸之路。

2000多年前兴起的丝绸之路被誉为全球重要的商贸大动脉,有力地促进了东西方的经济文化交流,所以在一定意义上说,它是经济全球化的早期版本。同时,作为东西方商品交易和文化交流的通道,在交往的过程中也加深了沿线各国人民之间的友谊,所以它也是东西方友好往来的历史记录和象征。

历史翻开了新的一页。当世界步入21世纪,贸易和投资在古丝绸之路上再度活跃。2013年9月7日,习近平主席访问哈萨克斯坦的时候,提出用创新的合作模式,共同建设"丝绸之路经济带",以点带面,从线到片,逐步形成区域的大合作。这是中国领导人在国际场合公开提出共同建设丝绸之路的重大战略构想。到2016年10月,这个重大的战略构想越来越丰富,越来越受到许多国家的欢迎。习近平总书记在2016年9月3日杭州G20峰会的开幕式上有这样一段话,他说:"一带一路倡议旨在同沿线国家分享中国的发展机遇,实现共同繁荣。中国对外开放不是要一家唱独角戏,而是要欢迎各方共同参加……不是要营造自己的后花园,而是要建设各国共享的百花园。"

此外,2014年中国国家主席习近平在阐述中国特色外交理念的时候提出打造人类命运的共同体。2015年9月28日,在纽约第七十届联合国大会的一般性辩论阶段,他对这个理念做了系统的阐述,他说:"在联合国迎来又一个十年之际,让我们更加紧密地团结起来,携手构建合作共赢新伙伴,同心打造人类命运共同体。"2015年10月16日,在世界减贫与发展高层论坛上,习近平主席发表主旨演讲,阐述消除贫困是人类共同的使命。

综上所述,可以看出,习近平主席关于推进"一带一路"建设的思想和论述,是在新的历史条件下,关于实现世界和平、发展、繁荣、公平、正义的完整理论。我们需要深入学习、研究。

陕西师范大学地处丝绸之路的起点西安,具有独特的地缘优势,该校学者积极响应国家建设"丝绸之路经济带"的战略构想,充分发挥学校的学科优势和学者各自的专业特长,撰写了"丝绸之路通鉴"丛书,洋洋数万言,从不同角度阐发了"一带一路"所涉及的许多重大理论和实践问题,这是一件有重大意义的事。正如甘晖书记在《总序》中所说,该丛书之所以取名"通鉴","意在借鉴历史,透析现状,着眼未来,贯穿千年时域,探求发展趋势;意在立足中国,深入沿线,胸怀全局,经略万里空间,厘清错综关系;意在研究战略,丰富内涵,解决问题,横跨宏观、中观与微观,打通理论与实践;意在聚焦经贸,关注人文,促进合作,智慧应对世界形势变换,为'一带一路'国家战略的推进提供全领域、全视角、体系化的智力支撑"。我认为,如果这些想法得以贯彻,"通鉴"一定能够对"一带一路"战略在理论上有较大推进,且为"一带一路"的实施提供有价值的智力支持。

专注于研究"一带一路"的"丝绸之路通鉴"丛书的撰写,需要多种学科的通力合作。"通鉴"正是从丝路的历史、政治、经济、文化、社会、生态等多个领域来进行研究,带有鲜明的系统性特点。作者聚焦"一带一路"一些重大理论和现实问题,尤其是"一带一路"建设中的一些突出的矛盾和问题,提出了各自的看法、观点,可供参考。该丛书第一批出版的著作,就很有分量,既有学术性,又有实践性。其中《英雄在线:丝绸之路的开辟者和捍卫者》《丝绸之路与文明交往》《丝绸之路最早的东方起点:西汉长安城》《天山廊道:清代天山道路交通与驿传研究》等,从不同角度探讨了丝绸之路的历史;《西北丝绸之路上的汉字流传史》则属于丝绸之路的专门史研究;还有一些是专门研究丝绸之路经济战略的著作,如《打造丝绸之路经济带上的战略高地——陕西经济发展研究》《丝绸之路经济带产业集群价值网络的演化与重构》《丝绸之路经济带上生物多样性的经济价值识别、展示与捕获研究》;而《文化集聚·文化街区·文化地域:重塑丝绸之路的新起点》《丝绸之路上的遗址美术》《汉唐丝绸之路漆艺文化研究》《丝绸之路上的体育交流与发展》《丝绸之路经济带沿线国家体育文化交流问题研究》,则是关于丝绸之路文化交流、文化交流史的专门性著作。

相信该丛书的出版,一定能对"一带一路"的理论深化有所推进,一定能对助力"一带一路"国家战略的实施发挥积极而重要的作用。

张岂之

《丝绸之路通鉴》序二

2000多年前,丝绸之路从长安发端,或从秦岭脚下穿越荒漠、草原,横贯欧亚大陆,或扬帆太平洋、印度洋沿岸众多港口和岛屿并蜿蜒至欧洲,跨越不同文化区域,推动华夏文明、印度文明、伊斯兰文明、欧洲文明的汇通,实现中西方物质特产和精神智慧的大融合。其波澜壮阔与坚韧竞合的画卷,展现了历史的宏伟与多彩。

千百年来,丝路精神薪火相传,成为促进沿线各国繁荣发展的重要纽带,推进了人类文明进步。进入21世纪,世界步入全新阶段,丝绸之路被赋予新的内涵和期望,焕发出新的生机与活力。在这一重要时点,国家提出"一带一路"战略构想,并迅速从规划落地为行动,成为重塑中国未来发展路径与发展空间的战略支点。

经世致用,服务国家,"丝绸之路通鉴"丛书应运而生。

一、古丝绸之路是人类历史最珍贵的遗产之一

1868年,德国地理与地质学家李希霍芬对中国地貌和地理进行了规模宏大的考察,发现在古代中国的北方曾经有过一条横贯亚洲大陆的交通大动脉。1910年,德国历史学家赫尔曼《中国和叙利亚之间的古代丝绸之路》一书,完成了对丝绸之路的学术认证,丝绸之路为世人所熟知。1927年,中瑞西北科学考察团到中国西部地区进行综合考察,第一次实现了对丝绸之路沿线珍贵文物的发掘、搜集、整理与保管,古丝绸之路的面貌得以较全面地复原。

丝绸之路因运输西方视同珍宝的中国丝绸而得名。考古资料证明,

丝绸之路早已存在,商周至战国时期,中国的丝绸就经西北各民族之手少量地辗转贩运到中亚和印度。

建元二年(前139),奉汉武帝之命,由匈奴人甘父做向导,张骞率领一百多人出使西域,打通了汉朝通往西域的南北道路,即丝绸之路。神爵二年(前60),汉置西域都护,屯田于乌垒城,以保西域通道通畅。魏晋时期,东西商业往来不断,位于丝绸之路咽喉重地的敦煌成为往来客商的聚集地之一。5—6世纪时,南北朝分立,但沿丝路的东西交往却进一步繁荣。隋炀帝时曾派黄门侍郎裴矩到张掖招徕西域商人。唐时则在伊州、西州、庭州设州,在龟兹、于阗、疏勒、碎叶等安西四镇驻兵,保证丝绸之路畅通。

9世纪末到11世纪,随着中国政治、经济、文化中心向东南沿海转移,及阿拉伯世界的兴起,东西方的海上往来逐渐增多。同时,中国西北地区政权分立,丝绸之路安全难以保障,陆上通道的重要性大大降低。蒙元时期,蒙古西征和对中亚、西亚广大地区的直接统治,使东西驿路再度通畅,丝绸之路又繁荣一时。明清采取闭关政策,虽出嘉峪关经哈密去中亚的道路未断,但陆上丝绸之路已远不如海上丝绸之路重要了。

虽有诸多争论,但大体来看,古丝绸之路主要包括四条路线。第一条是沙漠绿洲丝绸之路。从中国洛阳或长安出发,经甘肃河西走廊,至敦煌,沿昆仑山北麓和天山南北麓分三道,越葱岭通往中亚、欧洲和非洲,兴盛于汉唐时期。该路核心段因位于干旱缺水的亚洲内陆沙漠绿洲之间,故被中外学者称为"沙漠绿洲丝绸之路"。第二条是海上丝绸之路,分东海丝绸之路和南海丝绸之路。历史上有三大航线:东海航线由中国沿海海港至朝鲜、日本;南海航线由中国沿海海港至东南亚诸国;西洋航线由中国沿海海港至南亚、阿拉伯和东非。海上丝绸之路始于周,兴盛于宋元时期。中国通过海上丝绸之路往外输出的商品主要是丝绸、瓷器、茶叶等,运回国内的主要是香料、花草等,因此,亦称"瓷器之路"

"香丝之路"。第三条是西南丝绸之路。从中国四川成都,向西南到印度,再通往南亚、中亚、欧洲国家。因沿途山道崎岖,又称"高山峡谷之路"。第四条是草原丝绸之路。由中原地区向北越过古阴山(今大青山)、燕山一带的长城,西北穿越蒙古高原、南俄草原、中西亚北部,直达地中海北部的欧洲地区。因途径之地主要为游牧地区,故称"草原丝绸之路",又因往来贸易的主要商品是毛皮、金银和茶叶,又称"金银之路""皮毛之路"。

丝绸之路各线尽管起始时间不同,贸易货品不一,却将不同文明由隔绝孤立推向开放交融,成为东西友好交往的象征。它是人类文明竞合融汇的"搅拌器",是世界多样性发展的"分离机"。西方的音乐、舞蹈、绘画、雕塑、建筑等艺术,天文、历算、医药等科技知识,佛教、祆教、摩尼教、景教、伊斯兰教等宗教,通过此路先后传来中国,并在中国产生了很大影响。中国的纺织、造纸、印刷、火药、指南针、制瓷等工艺,绘画等艺术,儒家、道教等传统思想,也通过此路传向西方,产生了持久影响。

丝绸之路给中国和其他沿线国家留下了丰厚的文化遗产。在中国多年引领和推动下,包含中、哈、吉3国33处遗迹的丝绸之路跨国联合申遗在2014年取得成功,成为世界上第一个以联合申报的形式成功列入世界遗产名录的丝绸之路项目,也是联合国教科文组织确定的丝绸之路54个廊道中第一个成功申遗的项目。国家文物局局长刘玉珠2016年9月20日在甘肃敦煌首届丝绸之路国际文化博览会"丝绸之路文化遗产国际论坛"上介绍,在此前陆上丝绸之路申遗成功的基础上,中国正推动海上丝绸之路申遗。

二、新丝绸之路在21世纪焕发出新的生机

作为经济全球化的早期版本,2000多年前兴起的丝绸之路被誉为全球重要的商贸大动脉。岁月变迁,20世纪末21世纪初,贸易和投资在古丝绸之路上再度活跃。如今,旨在强化东亚和中亚联系的"新丝绸之路"(New Silk Road)概念已经成型,并引起了中、美、印、俄等国的重视。

1990年9月12日,中国北疆铁路与苏联土西铁路胜利接轨。这是继苏联西伯利亚大陆桥之后,第二条连接亚欧大陆的通道,沿途连接40余国,是一条名副其实的国际大通道。新亚欧大陆桥的贯通,成为丝绸之路焕发生机的标志性事件,使传播过古老文明和象征传统友谊的丝绸之路再一次焕发光彩。

2013年9月7日,习近平主席在哈萨克斯坦纳扎尔巴耶夫大学发表重要演讲,首次提出了加强政策沟通、道路联通、贸易畅通、货币流通、民心相通,共同建设"丝绸之路经济带"的战略倡议。2013年10月3日,习近平主席在印度尼西亚国会发表重要演讲,明确提出,中国致力于加强同东盟国家的互联互通建设,愿同东盟国家发展好海洋合作伙伴关系,共建"21世纪海上丝绸之路"。"一带一路"战略赋予了丝绸之路崭新的含义,新丝绸之路概念一经提出,便引起全球高度关注和沿线国家的积极响应,亚太主要地区国家也纷纷提出了各自的新丝绸之路构想。

美国的新丝绸之路战略是对2014年后阿富汗和中亚地区的主要战略规划,继承和沿袭了美国历届政府的中亚战略,背后隐藏着美国在中亚地区巨大的地缘政治目标和利益,即在中亚地区排除俄罗斯、中国和伊朗的影响,将中亚国家引向南亚。2011年7月,时任美国国务卿的希拉里在美国学者弗雷德里克·斯塔尔新丝绸之路构想的基础上,提出了新丝绸之路战略,力图在美国主导下形成以阿富汗为中心的"中亚—阿富汗—南亚"交通经贸合作网络,实现这一区域的商品北上和能源南下。这一战略是美国"亚太再平衡"战略的补充。新丝绸之路战略提出后,美国即着手实施该战略并取得一定进展,但由于阿富汗安全形势不佳以及融资、地区国家间的竞争、美国地区战略本身的矛盾性以及气源等问题,美国新丝绸之路战略仍然充满了不确定性。2014年,美国常务副国务卿威廉·伯恩斯在一份政策报告中称,美国新丝绸之路战略的一大核心是为中亚建立一个区域能源市场,重点推进"土库曼斯坦—阿富汗—巴基斯坦—印度"天然气管道建设,打造"中亚—阿富汗—南亚"电力网络,打通中亚通往南亚的能源通道。

印度迄今为止还没有清晰的新丝绸之路战略,并在一定程度上有追随美国的意思。印度是美国中亚战略的重要支持者,作为阿富汗重建的第五大援助国,过去10年的花费超过20亿美元。从印度自身来讲,其新丝绸之路规划相对单纯,主要着眼于能源保障和贸易通道。2012年,印度经历了人类历史上最大的断电事件,6亿多人受到影响,却无法利用近在咫尺的中亚能源。印度总理莫迪自2014年上任以来,与存在历史恩怨的国家开始了前所未有的合作。印度是亚投行的创始成员之一。2015年5月,印度与孟加拉国签署了已搁置40余年的《陆地边界协议》。印度参与新丝绸之路建设的实质动作也越来越多。

2002年,俄罗斯与印度、伊朗联合推出"南北走廊计划",打算建设起始于印度,途径伊朗、高加索、俄罗斯,最后直达欧洲的铁路、公路和海运等。2010年1月1日,俄罗斯、白俄罗斯、哈萨克斯坦三国共同启动建立推动欧亚经济一体化的"俄白哈关税同盟",拟建立统一的关税制度。该同盟对"欧亚联盟"起到了重要的推动作用,一方面有利于欧亚地区经济基础设施的建设,另一方面有利于各地区安全合作框架的构建。2011年10月,俄罗斯总统普京正式提出"欧亚联盟战略",要同独联体国家一同建立关税联盟和欧亚经济共同体,从而推动更高层次的、更广泛内容的一体化组织。这一战略被看作俄罗斯版的新丝绸之路战略。

另外日本、韩国也基于亚欧经济合作提出了丝绸之路构想。主要亚太国家纷纷推进新丝绸之路战略,一方面预示中国的"一带一路"战略将面临全新的博弈与竞争,另一方面也表明新丝绸之路具有巨大的潜力和活力。

三、"一带一路"将重新定义中国未来发展空间

2015年3月,国家发展改革委、外交部、商务部经国务院授权发布《推动共建丝绸之路经济带和21世纪海上丝绸之路的愿景与行动》(以下简称《愿景与行动》),阐述了"一带一路"建设的时代背景、共建原则、框架思路、合作重点、合作机制等,为"一带一路"建设指明了方向。仅仅2年多时间,"丝绸之路经济带"和"21世纪海上丝绸之路"就已经从倡议变成实践,从国家战略落地为国家行动,进入务实合作阶段。从筹建亚投行到成立丝路基金,再到国家开发银行的近千个项目,"一带一路"建设取得明显进展,获得多方积极响应,不仅为各方在投资、贸易、金融、文化和旅游等领域的深化合作奠定了坚实基础,也给沿线各国民众带来了实实在在的好处。

从战略上看,"一带一路"将重新拓展和定义中国未来的发展空间。众多学者对此多有著述,可概括为以下几个方面:

首先,"一带一路"将加速亚洲和亚太经济一体化进程,中国将成为推动世界持续发展的新重心。"一带一路"战略将成为亚洲经济一体化的"两翼",有效连接中亚、西亚、东南亚、南亚、东北亚等地区,显著改善区域内的整体基础设施互联互通状况和营商环境。作为世界经济增长的重要引擎,亚洲已日渐成为经济全球化的中坚力量。"一带一路"战略涵盖亚洲26个国家和地区,拥有44亿人口和20多万亿美元的经济规模。在后国际金融危机时代,作为世界经济增长火车头的中国,将发挥自身的产能优势、技术与资金优势、经验与模式优势、市场与合作优势,通过"一带一路"建设促进亚洲国家分享中国改革发展红利,夯实亚

洲经济一体化的基础,成为推动世界持续发展的新重心。

其次,"一带一路"将打破亚欧大陆长期封闭的状态,中国在推动世界均衡发展的同时将获得新的战略发展空间。亚欧大陆是世界上最大的陆地,面积近5000万平方千米,占全球陆地面积的1/3,东西跨度超过1万公里,是世界上最具潜力的经济带。"一带一路"将通过打破亚欧大陆长期封闭的状态,带动内陆国家加快开发开放,实现均衡发展,改变历史上中亚等丝绸之路沿途地带只是作为东西方贸易、文化交流的过道而成为发展洼地的状况,将超越欧美主导全球化造成的贫富差距、地区发展不平衡,形成推动全球均衡发展的新格局。

再次,"一带一路"将打造利益共享的全球价值链,中国将在共同打造全球价值链的过程中获益。当前,世界经济仍处于深度调整期,低增长、低通胀、低需求同高失业、高债务、高泡沫等风险交织,气候变化、能源安全、粮食安全等全球性挑战不断增多,不仅发展中国家需要实现可持续性的经济转型,发达国家也需要促进经济转型。"一带一路"沿海国家多数精于制造业,而内陆国家资源丰富,能源供给充足,庞大的"中国市场"将为沿线国家经济持续增长提供新动力。随着"一带一路"的发展,沿线会形成发达的经济中心、文化中心,通过全方位的国际合作解决自身的问题,更有效地融入全球经济。

最后,"一带一路"将促进人类建设命运共同体,中国将成为推动世界和平发展的重要力量。"一带一路"继承了古丝绸之路开放兼容的历史传统,同时也吸纳了亚洲国家"开放的区域主义"精神,体现了世界各国谋求发展的现实需求。无论从历史还是现实来看,"一带一路"都为人类命运共同体建设提供了重要的路径和战略支撑。"一带一路"不是单一国家的战略,不是把一国利益凌驾于他国利益之上甚至全球利益之上的战略。"一带一路"坚持共商共建、共创共享原则,不搞封闭机制,有意愿的国家和经济体都可参与,成为"一带一路"的支持者、建设者和受益者。"一带一路"将加速人类命运共同体建设,构建各方融合发展的新格局,为各方带来更大发展机遇,共同建造和平、增长、改革、文明的未来世界。

"一带一路"战略是我党十一届三中全会以来,中国对外开放由点到线、由线到面、由面到系统的和平发展战略方针,它将不仅促进经济要素在全球的有序流动和市场的深度融合,而且推进沿线各国的经济政策协调,实现更为和谐的区域经济合作。更为重要的是,"一带一路"战略打开了中国的经贸合作圈、文化合作圈,将大大拓展中国 21 世纪的发展空间。

四、"一带一路"机遇与挑战并存

"一带一路"战略勾画出了中国走向综合性全球大国的路线图,在带给中国和沿线国家重大福利和机遇的同时,在实施过程中也面临诸多挑战,同时也充满了政治风险、经济风险、安全风险、企业经营风险、文化冲突风险。

政治风险。首先,政治体制差异大,一些国家政局不稳。"一带一路"战略涉及 60 多个对象国、40 多亿人口,参与国既有社会主义国家,也有资本主义国家,还有君主制的阿拉伯国家,意识形态上的相互理解不一定成为根本性的障碍,但从历史看确实会成为影响国家间关系的重要因素。其次,沿线的东南亚、南亚、中亚、西亚地区政治形势复杂,政局不稳,对政策的连续性有很大影响。此外,一些国家的政治势力出于自身政治目的,有意煽动"中国威胁论",以阻止或延宕中国战略的实施。再次,大国博弈风险。在"一带一路"的战略布局当中,不同国家基于不同诉求都有其各自的国家战略,这其中甚至还涉及"一带一路"以外的一些国家的战略利益问题。美国、印度、俄罗斯、日本、韩国等与"一带一路"都有一定的竞争关系和利益冲突,如何处理好这些关系事关重大。同时,"一带一路"沿线一些国家其国内始终存在着反华势力,如印度尼西亚、越南等国。随着社交媒体的广泛运用,这些国家的政治越来越受底层民众民粹意识的裹挟,其中一些领导人可能会以中国因素来解释经济失败,以排华的方式来谋求个人政治利益。如果地区安全得不到保证,欧亚地区国家相互之间不能理解,"一带一路"建设就可能付之东流。

经济风险。实施"一带一路"战略存在着众多经济风险或潜在经济风险。首先,经济发展水平不平衡,对接耦合难度大。沿线国家中,一些国家法律较为健全,市场经济程度较高;一些国家较为封闭,主要为传统经济;还有一些国家处于两者之间,这在一定程度上加大了合作的难度和力度。其次,债务违约风险。"一带一路"沿线国的投资环境整体上不如中国与欧美发达国家,部分参与"一带一路"计划的国家存在着巨额的经常项目赤字、较差的经济基本面,这使其成为高风险债务人。第三,项目泡沫化风险。据有关研究,2015年中国各省"两会"政府工作报告中关于"一带一路"基建投资项目总规模已超过1万亿元人民币,涉及项目近1000个。如此庞大的投资能否落地,众多项目投资资金从何而来,通过何种方式去融资,如何保证海外投资的安全等,值得警惕。

安全风险。"一带一路"战略面临着巨大的传统安全风险与非传统安全风险。传统安全风险方面,如大国地缘政治的博弈,领土、岛屿争端,区域内个别国家政局动荡,等。非传统安全风险方面,如经济安全、金融安全、恐怖主义威胁、跨国有组织犯罪等。中国"一带一路"战略与美国的全球战略相比,其根本区别在于中国更侧重于经济、文化的交流,而非谋求军事霸权。这也意味着"走出去"的中国企业与公民很多时候缺乏国家直接的强力保护。

企业经营风险。当前,中国在"一带一路"沿线国家的资本输出,基本上是以企业投资海外基础工程建设为主要途径。与高技术含量、高回报率的经济领域相比较,基础建设存在着投入大、周期长、不确定因素较多等问题。在一些比较落后的区域,铁路、港口等基础建设实际上很难在短时期内见到效益,甚至将在很长一段时期内面临亏损运营的局面。另外,由于不熟悉国外商业习惯和法律环境,一些中资企业往往要承担商业风险。大批"走出去"的中小型民营企业既缺乏信贷、保险方面的制度安排,也往往难以得到有关管理部门的政策指引、信息服务,其在"走出去"过程中面临的信息问题、安全问题都十分严峻。

文化冲突风险。"一带一路"沿线文化繁杂多样,民族宗教问题复杂多变。丝路沿线是世界主要宗教基督教、佛教、伊斯兰教、印度教共生共存的地区,历史上的宗教争斗延续至今,使中东、中亚、东南亚等地区的国际恐怖主义、宗教极端主义、民族分裂主义势力和跨国有组织犯罪活动猖獗,地区局势长期动荡不安。同时,宗教问题时常与民族问题交织叠加,既恶化了当地环境,又增加了沿线各国相互合作的难度。

面对"一带一路"的种种风险,我们应树立防范意识,未雨绸缪,做好预案,采取有效措施,积极应对挑战。

五、"丝绸之路通鉴"宗旨与使命

自古以来,我国知识分子就有"为天地立心,为生民立命,为往圣继绝学,为万世开太平"的志向和传统。历史经验告诉我们,知识分子对民族和国家的使命担当,是中华民族实现伟大复兴的希望所在。

2016年5月17日,习近平主席在哲学社会科学工作座谈会上的讲话中指出,当代中国正经历着我国历史上最为广泛而深刻的社会变革,也正在进行着人类历史上最为宏大而独特的实践创新,我们不能辜负了这个时代。习近平主席指出,构建开放型经济新体制,实施总体国家安全观,建设人类命运共同体,推进"一带一路"建设,是党和国家根据新的实践提出的具有原创性、时代性的概念和理论。我国哲学社会科学应该以我们正在做的事情为中心,提炼出有学理性的新理论,概括出有规律性的新实践。

习近平主席的讲话深刻解答了事关我国哲学社会科学长远发展的一系列根本性问题,是指导哲学社会科学工作的纲领性文献,也是发展繁荣哲学社会科学的基本原则和行动指南。围绕国家重大需求,重视应用研究,推进智库建设,着力提升解决重大问题的能力和原创能力,既是陕西师范大学繁荣发展哲学社会科学行动计划(2013—2020年)的核心部分,也是陕西师范大学"十三五"发展规划的重点内容。

近10年来,陕西师范大学在围绕丝绸之路的哲学社会科学研究方面发展迅速,成绩斐然,主要体现在以下几个方面。一是以丝绸之路上的重大理论和现实问题为重点,在不同学科交叉协同的基础上,先后获批并建设了陕西省协同创新研究中心"国际长安学研究院"、陕西省哲学社会科学重点研究基地"一带一路与中亚区域协同创新研究中心"、教育部人文社会科学重点研究基地"西北历史环境变迁和经济社会发展研究院"、陕西省哲学社会科学重点研究基地"中国西部边疆研究院"等一批省部级学术创新平台,已经成为国内外在研究丝绸沿线历史发展与环境变迁、西部国家安全、西部边疆、西北民族与宗教、西夏学、语言学、基础教育发展等重大历史与现实问题的重镇。二是在丝绸之路研究的方面取得了丰硕的成果。早在2006年,陕西师范大学就编纂出版了《丝绸之路大辞典》,收录词目11607条,总字数达230多万,是迄今出版的同类书籍中体系最完整、词目最全面、内容最丰富的一部有关丝绸之路的百科全书,也是一部集学术性、知识性、资料性、实用性为一体的大型工具书。其后,陆续出版了《西北丝绸之路的历史文化研究》《中国丝绸之路经济带生态文明建设评价与路径研究》《丝绸之路经济带建设中的国家形象传播研究》等近百部学术著作,承担国家级、省市级有关丝绸之路的课题30余项,获得资助经费1000余万元。其中《丝绸之路戏剧文化研究》获得教育部第六届高等学校科学研究优秀成果奖,《推进丝绸之路经济带战略实施和区域合作共赢空间发展战略研究》的调研报告获得陕西省第十二次哲学社会科学一等奖等。三是将丝绸之路研究的成果积极服务于国家战略、经济与文化发展。陕西师范大学提交的《推进丝绸之路经济带战略实施和区域合作共赢空间发展战略研究》《关于丝绸之路经济带建设的问题与挑战》《俄美在乌兹别克斯坦的博弈及其影响》《边疆热点地区城市民族关系发展态势与对策研究》《关于喀什"南达经验"的总结报告》《新疆城市居民的社会交往空间:利益机制与民族关系》得到国家领导人及中办、国办和国家有关部委批示和采纳。四是陕西师范大学首次倡导并共同参与成立了"丝绸之路大学联盟"。积极推进阿富汗、乌兹别克斯坦两个国别研究中心的建设,研究与"新丝绸之路经济带"沿线国家的双边、多边人文交流机制,开展民间人文交流活动。其中,2013年9月,在习近平主席和阿富汗时任总统卡尔扎伊的见证下,陕西师范大学与阿富汗喀布尔大学在人民大会堂签署合作谅解备忘录,较好地服务了国家战略层面上的国际合作与交流。

新的历史时期,陕西师范大学积极响应国家建设"丝绸之路经济带"的战略构想,切实推进陕西省"服务国家发展战略,促进互利共赢"的共建思路,以教育合作与文化交流为重点,与"丝绸之路经济带"沿线国家与地区,不断创新合作、扩大开放、共同发展。

"一带一路"战略是一项长期、复杂而艰巨的系统工程,推进过程中必然面临诸多机遇和挑战,其中的许多问题需要学界、政府、企业界、民间、文化界等的高度重视和思考。古代丝绸之路的起点在西安,陕西师范大学具有独特的地缘优势,也给我们发挥智库功能,服务区域社会发展和国家建设,提供了难得的历史机遇。

有鉴于此,陕西师范大学组织一批专家编纂了"丝绸之路通鉴"丛书。本套丛书以丝绸之路为本体对象,聚焦"一带一路"这一重大现实问题和战略问题。取名"通鉴",则意在借鉴历史,透析现状,着眼未来,贯穿千年时域,探求发展趋势;意在立足中国,深入沿线,胸怀全局,经略万里空间,厘清错综关系;意在研究战略,丰富内涵,解决问题,横跨宏观、中观与微观,打通理论与实践;意在聚焦经贸,关注人文,促进合作,智慧应对世界形势变换,为"一带一路"国家战略的推进提供全领域、全视角、体系化的智力支撑。

期望"丝绸之路通鉴"丛书坚持以下标准:

第一,体现继承性、民族性。丝绸之路是人类文明交融互鉴的珍贵遗产,蕴含着取之不竭、用之不尽的物质财富和精神财富。如习近平主席所说:我们要坚持不忘本来、吸收外来、面向未来。既向内看,深入研究关系国计民生的重大课题,又向外看,积极探索关系人类前途命运的重大问题;既向前看,准确判断中国特色社会主义发展趋势,又向后看,善于继承和弘扬中华优秀传统文化精华。期望本套丛书的出版,能更好地传承丝路文明,促进全新历史条件下丝绸之路的政治与经济、民族与宗教、文化与生活、自然与文脉等等的发展。

第二,体现原创性、时代性。理论的生命力在于创新,理论思维的起点决定着理论创新的结果。本书的课题确定与编撰,均应专注"一带一路"建设的突出矛盾和问题,突出主体性、原创性、时代性,不追随他人亦步亦趋,不迷信权威人云亦云,力争形成一系列原创性成果,解决丝路建设的重大现实问题。

第三,体现系统性、专业性。希望本套书能全方位、全领域、全要素地研究丝路历史、政治、经济、文化、社会、生态等领域,打通传统学科、新兴学科、前沿学科、交叉学科等诸多学科,构建"丝绸之路学"基本蓝图、学理逻辑、主要架构与核心内容,推进具有中国特色的丝路研究学科体系、学术体系、话语体系建设,助力"一带一路"国家战略的实施。

出版本套丛书是一项巨大的系统工程。第一批陆续出版的著作涉及丝绸之路历史、丝绸之路专门史、丝绸之路经济、丝绸之路文化交流等，大致勾勒出了本套丛书的面貌，包括《英雄在线：丝绸之路的开辟者和捍卫者》（朱鸿）、《丝绸之路与文明交往》（李永平）、《丝绸之路最早的东方起点：西汉长安城》（肖爱玲）、《西北丝绸之路上的汉字流传史》（冯雪俊）、《打造丝绸之路经济带上的战略高地》（王琴梅）、《丝绸之路经济带产业集群价值网络的演化与重构》（雷宏振、贾妮莎、兰娟丽等）、《丝绸之路经济带上生物多样性的经济价值识别、展示与捕获研究》（裴辉儒、宋伟）、《文化集聚·文化街区·文化地域：重塑丝绸之路的新起点》（薛东前、马蓓蓓）、《丝绸之路上的遗址美术》（高明、王晓玲、程玉萍、朱生云、李慧国）、《汉唐丝绸之路漆艺文化研究》（胡玉康、潘天波）、《丝绸之路上的体育交流与发展》（黄聪）、《丝绸之路经济带沿线国家体育文化交流问题研究》（史兵、崔乐泉、李重申等）、《天山廊道：清代天山道路交通与驿传研究》（王启明）等。

限于编著者能力与水平，书中难免有疏漏不足之处，恳请各位方家与读者批评指正。

学术研究的意义不仅在于解释现实与反映现实，更在于改造现实与塑造未来。希望本套丛书所有编撰者筚路蓝缕、创榛辟莽，有淡泊名利、耐得住寂寞的定力，有敢立潮头、勇于创新的勇气，有忧国忧民、为民鞠躬的情怀，积极努力，为实现"两个一百年"奋斗目标与实现中华民族伟大复兴的中国梦做出新的贡献！

是为序。

2016 年 9 月 28 日

自　序

我对丝绸之路的留意和思察,缘于长安之考。算起来,这已经是六年前的事了。可惜至今我并无什么压秤的成果,只不过是把对长安的叙述和研究向西延伸了一点而已,或仅仅梳理了几个丝绸之路的开辟者和捍卫者,真是惭愧得很。

丝绸之路的修成,使中国与亚洲文明的交流乃至中国与欧洲文明的交流,都发生了划时代和决定性的变化。文明的交流似乎在丝绸之路以前就有,因为考古发现,冬小麦、陶器、玉器和青铜器,在丝绸之路沿线广有散布。然而过去的交流是零星的,随意的,但丝绸之路的修成却使彼此的交流产生了主动性、持续性和渴望性的特点。这种交流不仅在古代互相都丰富了文明,而且也为现代文明的交流提供了启示。丝绸之路所经过的亚洲高地,并非隔阻交流的飞沙崇山,反之,它甚至也成了当下几个世界大国注目和投身的热土。

历史应该谨记:通西域是汉所完成的大业。

丝绸之路的开辟并非一项早就设计和规划的工作。它是征伐匈奴的战争的衍生,是汉武帝在获得关于西域的知识之后所做的部署,目的是:"广地万里,重九译,致殊俗,威德遍于四海。"汉帝国服从汉武帝的意志,事就这样成了。

丝绸之路的开辟容易吗?非常艰难!

匈奴不会轻易放弃其对西域的控制，西域诸国从来就是匈奴的归附，听命于匈奴的。开辟丝绸之路，不但要打匈奴，还要收拾追随匈奴的西域诸国，所以丝绸之路是打下来的。

汉是这样，唐也是这样。当然，唐打的是突厥，斗的是吐蕃和大食。

捍卫丝绸之路也是非常艰难的！

丝绸之路的开辟和捍卫都需要英雄。我所做的，就是把公元前2世纪至公元8世纪那些神奇的英雄请到目前，让有缘有心的中国人知道丝绸之路——陆上丝绸之路的真始与实终。我想让英雄振奋一种精神！

英雄在线，随意浏览吧！

目 录

汉武帝与丝绸之路 ………………………………………… 1
论张骞二赴西域的贡献 …………………………………… 20
傅介子何以刺楼兰 ………………………………………… 24
论郑吉首任都护的意义 …………………………………… 28
班超巧治西域诸国考 ……………………………………… 32
论甘英未见大秦的遗憾 …………………………………… 47
裴矩利导西域诸国考 ……………………………………… 50
李靖大破突厥之战探 ……………………………………… 55
王玄策何以俘天竺 ………………………………………… 64
王晙智胜吐蕃之役记 ……………………………………… 68
高仙芝惨败大食原因略究 ………………………………… 74
丝绸之路上的唐都护府 …………………………………… 78

附 录

汉长安城与丝绸之路 ……………………………………… 98
唐长安城与丝绸之路 ……………………………………… 113

参考书目 ………………………………………………… 126
后 记 …………………………………………………… 128

汉武帝与丝绸之路

汉武帝是一个长安人,生长在未央宫。苍天眷顾,命运的一切优势都向他汇集。

天之所赐

其父汉景帝先有薄皇后,遗憾她无子,失宠遭废,不久便薨。汉景帝妃嫔多,子也多,刘彘为第九子。栗姬之子刘荣,在汉景帝前元四年,公元前153年,立为太子。兄为太子,弟刘彘遂封胶东王,年4岁。

刘嫖是汉景帝的姐姐,长公主,颇有威望,可惜栗姬得罪了她,从而难免要向汉景帝进栗姬的谗言。刘彘之母王夫人与长公主很是投缘,刘彘受其母影响,也亲近长公主。长公主以其女阿娇许之,王夫人喜悦,刘彘也喜悦,甚至说:"若得阿娇作妇,当作金屋贮之也。"王夫人又暗中使计,让大臣上奏:母以子贵,应该立栗姬为皇后。然而这恰恰招致汉景帝不满,遂废太子,改封刘荣为临江王。栗姬难见汉景帝,忧郁而死。汉景帝便立王夫人为皇后,子以母贵,更刘彘为刘彻,立其为太子。事在汉景帝前元七年,公元前150年,刘彻7岁。

汉景帝崩,遵循惯例,太子即皇帝位。汉武帝建元元年,公元前140年,刘彻19岁。

汉兴之际,社会凋敝,即使天子乘车也找不到颜色一样的驷马,将相往来竟只能坐牛拉的车,百姓更是家无所藏。经过汉高祖、汉惠帝、汉文帝和汉景帝四世，六十余年，休养生息，至汉武帝，已经国富民强。司马迁亲见国富，他说："京师之钱累巨万，贯朽而不可校。太仓之粟陈陈相因，充溢露积于外，至腐败不可食。"他也亲见民强，他说："众庶街巷有马，阡陌之间成群，而乘字牝者傧而不得聚会。"汉武帝何其有福！

汉武帝要打匈奴

坐拥国富民强以后怎么办？汉武帝当然要征伐匈奴，以复汉家数世之仇。不过恰恰是在对匈奴的战争中，蕴含着西域的发现和丝绸之路的开辟，或曰：丝绸之路的开辟属于征伐匈奴的一个结果。

匈奴当归蒙古族，驰骋在北方的草原上，不过也常常南下侵扰。公元前八世纪，周幽王亡与周平王东迁，就有匈奴进逼的原因。周衰，匈奴遂迁泾北与渭北而居。公元前三世纪，秦始皇攘匈奴于黄河以外，筑长城，移民，保卫秦帝国的安全。秦将军蒙恬死，匈奴便返黄河以内。至汉兴，匈奴已经占据阴山，并存灭汉之心。以冒顿为单于，匈奴组成了一个部落联盟，再三犯边。王庭就是战区，匈奴既游牧，又游击，汉帝国深感威胁。

汉武帝一定知道汉家的种种屈辱。

汉高祖七年，公元前 200 年，刘邦率兵北上打匈奴，反遭匈奴包围。汉高祖困于白登山，七日不得食。以陈平计，厚礼送冒顿之妻，其才劝单于网开一面，汉高祖得以脱身。败匈奴，逐匈奴，似乎皆难，汉政府便以和亲取得安全。嫁汉家宗室之女给单于，岁奉缯酒之类，约为兄弟。显然示弱，也是无可奈何。

汉高祖崩，冒顿单于竟调戏吕皇后。其派使者送书曰："陛下独立，孤愤独居。两主不乐，无以自虞。愿以所有，易其所无。"吕皇后气得咬牙,不过仍向冒顿报书曰:"单于不忘弊邑,赐之以书,弊邑恐惧。退而自图,年老气衰,发齿堕落,行步失度,单于过听,不足以自污。弊邑无罪,宜在见赦。窃有御车二乘,马二驷,以奉常驾。"虽然守以尊严,不过也透奉承与乞饶之息。

汉文帝致匈奴书总是称:"皇帝敬问匈奴大单于无恙。"但匈奴却颇为傲慢,其致汉文帝书曰:"天地所生日月所置匈奴大单于敬问汉皇帝无恙。"匈奴还不时出兵过萧关,至雍,入甘泉。汉军不得不紧急动员进驻长安,或驻棘门、灞上和细柳,严阵以待。汉景帝沿用和亲政策,然而匈奴无信,还是经常寇边。

汉武帝遣张骞寻找大月氏

汉武帝一朝登基,遂要灭胡,以展凌云之志。汉帝国也具实力,足以支持对匈奴的进攻。不过组建一个抗胡联盟,也十分必要。有俘虏提供了一个消息:匈奴破月氏王,以其头作饮器,月氏远遁而去,为大月氏。以情理推测,大月氏是仇恨匈奴的。资料显示,冒顿单于破了月氏,但以月氏王头作饮器的却是冒顿之子——老上单于。汉武帝建元二年,公元前139年,登基一年之后,便招使者,以觅大月氏。张骞是汉武帝的侍从官,此郎应募,昂然胜出。汉武帝建元三年,公元前138年,张骞率百余人往祁连山或焉支山以及更远处去寻找大月氏。

尽管发愿灭匈奴,不过汉武帝执政之初,仍奉行了和亲条约,厚遇关市,所赠丰饶。汉与匈奴往来于长城之下,呈兄弟之好。之所以要维持这种和亲格局,一是作战还欠充分的准备,包括联盟还不得;二是汉文帝的皇后,汉景帝之母,窦太后尚在,其推崇黄帝和老子之言,对希望积极改造社会的汉武帝大有牵制。

马邑之谋

对匈奴的反击开始于汉武帝元光二年,公元前133年,他当皇帝八年了。那时候窦太后已经逝世,张骞一去也几个春秋,然而毫无音讯,汉武帝等不及了。他问大臣:"朕饰子女以配单于,金币文绣赂之甚厚,单于待命加嫚,侵盗亡已。边境被害,朕甚悯之。今欲举兵攻之,何如?"有王恢,任大行,建议攻之。大约过了半年,几个大臣策划了一个马邑之谋。

马邑在今之山西朔州。有一个老者聂壹出塞,会晤军臣单于,佯称他有数百人,可以杀马邑令,使举城投降,财物尽归匈奴。当然,事成需要单于接应。单于贪马邑的财物,便率兵十万从武州入塞。汉军三十万早就埋伏于马邑一带,将时刻歼之。不料单于走到距马邑百余里的地方,只见牲畜布野,不见牧者扬鞭,遂颇为狐疑。雁门尉史被捕怕死,悉告汉军的计划。单于惊愕至极,迅速撤离,马邑之谋遂败。

匈奴顿然翻脸,尽绝和亲政策,并大肆寇边,杀掠吏民,以泄对汉帝国之怨。汉武帝非常清楚这一天终会到来。没有对匈奴的全面战争,就不能使匈奴屈服。既然全面战争已经发生,那么就把它进行到底吧!

汉武帝打匈奴的成果

从刘彻登基以来的第一仗,汉武帝元光二年,公元前133年,到其逝世之前的最后一仗,汉武帝征和三年,公元前90年,他打匈奴打了44年。他从24岁,打到67岁。人能如此坚韧,真是伟大。尽管他在68岁有诏罪己,反省战争,悔其劳民伤财,不批准轮台屯田的建议,然而讨胡四十余年,真是伟大。

在战争中涌现出了一批将军:卫青、公孙敖、公孙贺、李广、李息、赵信、霍去病、赵食其、徐自为、赵破奴、李广利、李陵、韩说、路博德、商丘成、马通。他们都曾经引兵杀敌,为汉帝国勇保安全,拓展疆土。霍去病军勋尤隆,公孙敖与赵食其平平淡淡,赵信、李陵和李广利不幸降胡。

汉武帝打匈奴所取得的功业有:元朔二年,公元前127年,河南归汉。实际上这是汉帝国恢复了秦帝国尝在河南的治理范围。元狩二年,公元前121年,河西归汉。这是一个关键的胜利,不仅是匈奴退出了河西,而且使匈奴与羌难以勾结对汉,尤其为丝绸之路的开辟提供了交通。元狩四年,公元前119年,汉军深入漠北包围单于,匈奴荡然而去,漠南遂无其王庭。凡此种种,标志着胡强汉弱的转折和胡欺汉忍的改变。

汉武帝决定通西域

现在好了,水到渠成,我将顺理讨论汉武帝是如何开辟丝绸之路的。张骞至关重要,需要请他出场。汉武帝元朔三年,公元前129年,张骞艰辛地回到长安城,汉武帝封其为太中大夫,应该是在未央宫接见了他。

2014年6月22日,经过长期的努力,汉长安城未央宫遗址已经进入世界遗产名录。联合国教科文组织在卡塔尔多哈举行第38届世界遗产大会,对中国、哈萨克斯坦和吉尔吉斯斯坦三国申报的丝绸之路遗产项目做了研究。所报项目多有通过,汉长安城未央宫遗址甚为光美。

我早就注意到未央宫遗址可以颐养精神,频频往之。初见是在冬天,风拂枯草,寒鸦啼木,有几个村子在乌云下沉默着。再见是夏日的黄昏,男女老少多聚未央宫前殿的土堆上乘凉。再见是在一个春天,这里的村子已经拆迁,发掘了前殿、少府和椒房殿,围栏保护了天禄阁和石渠阁,间种以绿树青草,细雨霏霏,宁静空旷,让我遥想当年。

张骞向上禀告了自己出使的经历,尽管欲携手大月氏抗胡终于不得,然而他对西域诸国大有发现,也掌握了基本的情况。摆脱匈奴拘留,张骞走了大宛,到了康居,至大月氏见了大月氏王,又走了大夏。他还通过此四国,对周边其他十国也有了大概的掌握。他还请上通西南夷从蜀径往大夏去。

实际上张骞是向汉武帝描绘了汉帝国之外的一个新的世界,处于这个新的世界的诸国地理、风物、武装、生产方式、生活方式及其彼此的关系。这个新的世界的诸国属于今之亚洲,今之亚洲的中部、西部和南部。如此形势深入汉武帝之心,并给了他灵感。他把张骞对西域的发现完全变成了自己的发现,而且果断调整了自己的决策。

他原有的部署无非是打匈奴,灭匈奴,然而一旦发现了西域,他就要通西域,以传汉帝国的威德。他把西域诸国分为兵弱与兵强两类,了解它们都以汉帝国的财物为贵。兵弱之国,容易对付。兵强之国,当以利施之,诱惑其到长安来朝献。他认为:"诚得而以义属之,则广地万里,重九译,致殊俗,威德遍于四海。"展望愿景,汉武帝在未央宫笑了。于是他就在打匈奴的决策中增加了通西域的内容,从而把征伐匈奴与在西域投射汉帝国的影响兼容起来。

汉帝国与西域诸国发生贸易往来,尤以输出自己的丝绸惊艳天下,遂使德国学者李希霍芬在1877年把这条商道呼为丝绸之路,并得到普遍认可。我要指出:开辟丝绸之路的理念便是在未央宫确定的。

汉帝国得到了河西走廊

匈奴有二王,浑邪王与休屠王,率兵专守河西。这完全阻隔了汉与西域,不过这也正是匈奴的目的。通西域,不荡平此阻隔显然是不行的,所以必须打匈奴。元狩二年,公元前121年,汉武帝令汉军连击匈奴,使其损失甚惨。伊稚邪单于气急败坏,欲召二王问罪,并将诛之。二王商量降汉,结果浑邪王杀了休屠王,浑邪王引众为霍去病所接纳。汉军收编了浑邪王的队伍,分置在陇西、北地、上郡、朔方、云中,为五属国。颜师古说:"凡言属国者,存其国号,而属汉朝,故曰属国。"

匈奴变为五属国,河西至盐泽之地便成空隙,汉武帝抓住机会,立即在此设武威郡与酒泉郡,并屯田移民,充实这一带。夏与商划地发展,周与秦皆向东发展,唯汉向西发展,是因为汉武帝有意通西域,传其威德。汉帝国控制了河西,就为通西域作了奠基。

这一带处祁连山与合黎山之间,为东西的孔道,谓之河西走廊。水清草茂,久宜游牧。似乎月氏和乌孙先于斯放马,以后匈奴插足在此,撵走乌孙,并把月氏一分为二,小月氏融合于羌,大月氏向西迁移。汉军驱匈奴藏身于漠北,足见我汉之雄。

丝绸之路开辟了

河西归汉,固然是一个胜利,不过匈奴仍是汉武帝之腹患。他很清楚,匈奴并未放弃西域。匈奴只是暂匿漠北,其一定会窥伺动静,强劲反扑,以挡东西之通。他意识到当在西域谋划,捣其要害。总之,加强对河西的控制是必要的,也是紧迫的。

上又数召张骞,仔细分析西域诸国的状态,终于再遣张骞往乌孙去。大约在汉武帝元狩四年,公元前119年,张骞率三百人,每人配两匹马,离开了长安城。他们携有大量的黄金和丝绸,成千上万的牛羊,真是浩浩荡荡了。张骞的队伍里还有一些副使,也秉持汉节,计划往乌孙之外的诸国去。

到了乌孙,张骞劝其王昆莫率民返浑邪王腾出之地而居,娶汉宗室之女为妻,彼此结为兄弟。汉武帝的战略是使乌孙摆脱匈奴的支配,以做汉的属国,从而断匈奴之右臂,并招致西域诸国为汉的外臣。可惜乌孙分裂,王不能作主,事未果。

张骞遵循汉武帝的既定方针,派各位副使分别至大宛、康居、大月氏、大夏、安息、身毒、于阗、扜罙及其他诸国。

张骞由昆莫安排的向导和翻译相送返汉。使者几十人,以昆莫的指示,带马几十匹答谢汉武帝。当然,他们也想在长安一视汉之广。

使者回到乌孙,向昆莫汇报了汉之民强与国富,昆莫对汉遂有了敬重。一年之后,张骞所派的副使也带西域诸国使者至汉,并有给汉武帝之朝献。他们还乡,也赞叹汉之昌盛。

从这个时候开始,西域诸国就通汉了,或是汉通西域了。我认为,此举标志着丝绸之路的开辟。

迹象显示,新石器时代就出现了大陆之间的交流。从公元前第三个千年或第四个千年起,一种草原文明便在欧洲与亚洲传播,其遗存也颇为普遍。冬小麦,在汉呼之为宿麦,原产地在西亚,是大约七千年以前的粮食。考古发现,有大约四千年以前的冬小麦种子,在今之新疆、甘肃、青海及陕西一带星散着,其多碳化了。冬小麦显然是走丝绸之路过来的。在今之河南安阳的妇好墓中,有一种属于透闪石的玉器,测定为今之新疆和田青玉。妇好是3200年前商王的妻子,她墓中之玉器也多是走丝绸之路过来的。凡此丝绸之路的传播是自发的,个人的,也是小型的,但汉武帝的丝绸之路的传播却是大型的,集体的,是汉帝国意志的反映,彼此的性质迥异。

有西域诸国使者执礼抵长安朝献,这让汉武帝喜悦,遂加遣使者分别往安息、奄蔡、黎轩、条支和身毒等国去。以汉武帝好天马,使者纷纷竞觅。其成群而行,团大者数百人,小者也百余人。一年之中,多者十几批,少者也五六批。一次出使,远者八九年,近者也几年。司马迁对此感慨:"使者相望于道。"

丝绸之路的捍卫

诚如汉武帝所料,丝绸之路并不安全,主要是匈奴作祟。当然,汉武帝也无所畏惧,自有得力之措施。羌与匈奴忽然合作,围攻金城。汉军奋起,迅速平息。汉武帝元鼎六年,公元前111年,汉武帝分武威郡地,置张掖郡,分酒泉郡地,置敦煌郡,再屯田移民,以继续充实这一带。随之在敦煌东南方向设阳关,在西北方向设玉门关,并设都尉。

楼兰和姑师是西域的小国,不过它们地处商道上,是匈奴的耳目,从命于匈奴。可恶的是,他们还经常为难汉使者,甚至掠夺杀害汉使者。忍无可忍,汉武帝遂在元封中,公元前110年至公元前105年之间,令赵破奴率兵虏楼兰王,破姑师,兴师以震慑乌孙和大宛。虽然楼兰王为汉军所俘,不过此小国仍在匈奴与汉两端投注,其质一子于匈奴,质一子于汉,足见地缘政治之复杂。姑师就是车师,其终分车师前王国与车师后王国。

乌孙强于控弦,敢战,素亲匈奴,也受匈奴的控制。乌孙与汉的往来,顷触匈奴之痛。匈奴成怒,张牙舞爪,乌孙遂怕之。这时候乌孙已经感受到汉在西域的渐大,便向汉靠拢,提出赠送善马,聘汉之女,以借汉的势。至元封中,或在元封六年,公元前105年,汉帝国得其善马千匹,遂以汉宗室之女,江都王刘建的细君公主嫁乌孙王昆莫,为其右夫人。乌孙王昆莫有所顾虑,又以匈奴女为其左夫人。乌孙奉行的显然是平衡之术,但时有倾向汉。

昆莫死,以乌孙的习惯,细君公主又做了新的乌孙王岑陬之妻。细君公主薨,汉又以解忧公主嫁之。此举尽在剥离乌孙与匈奴的关系,力阻乌孙成为匈奴之盟邦,以期灭之。

有使者禀告汉武帝,终于探知大宛藏天马在贰师城,秘不示汉。上便遣壮士车令携金子及金马越葱岭请天马,但大宛却以汗血马为其宝,拒绝给汉。车令实为壮士,其严正谴责,以泄积愤,并砸金马而去。大宛觉得汉帝国的使者是轻蔑自己,乘机杀了他们,抢了财物。

消息临到未央宫,汉武帝震怒,遂在太初元年,公元前 104 年,任李广利为贰师将军攻大宛。打得不顺,退到了敦煌。汉武帝知道,攻大宛而不取,不仅天马没有,而且西域诸国包括大夏还会小瞧我汉,乌孙也将为难汉的使者,甚至轮台也将怠慢汉的使者,通西域便会休止。想到这里,汉武帝决定倾天下之力,再攻大宛。

汉武帝太初四年,公元前 101 年,李广利率汉军排山倒海赴大宛,沿线诸国皆出门迎接,给食物,唯轮台不支持。不支持是什么结果呢?屠之。汉军一鼓作气,连续攻大宛,遂使大宛动摇。见大宛将亡,其贵官便杀了大宛王毋寡的头呈汉军,并允诺赠送天马。汉军同意,就吩咐相马师选了善马数十匹,中等以下的公马母马三千余匹。大宛有贵官昧蔡,一向优待汉使者,便立他为大宛王。彼此订了条约,汉军挥旗凯旋。沿线诸国获悉汉军破大宛,都派他们的子弟随汉军到长安来朝献,并质子于汉。

过了一年,大宛内政生变。一些贵官认为昧蔡谀汉,使大宛遭难,就杀了他,更立毋寡之弟蝉封为王。然而大宛还算有自知之明,对汉帝国的外交无改。大宛王蝉封之子质于汉,岁奉天马二匹,汉使者遂带其葡萄与苜蓿至长安。汉武帝也遣使者赠其财物,诚表安抚。

大宛从汉以后,匈奴在西域的霸气锐减。一旦汉在西域的威德劲扬,丝绸之路便大畅。汉武帝乘胜推进,追遣使者十余批赴大宛以远诸国求其珍奇。

汉 长 城

汉长城这一军事工程体系是中国乃至世界之最,东起今之辽宁,西到今之新疆。令居,今之甘肃永登,盐泽,今之新疆罗布泊,这一段军事工程体系,完全是保护汉与西域的使者往来的,也就是保护丝绸之路的。

汉书有记,元狩二年,公元前121年,长城从令居修到了酒泉郡。元封元年,公元前110年,长城又从酒泉郡修到了玉门关,并建造了观察敌情的亭障。太初三年,公元前102年,又做居延塞以伸展至酒泉郡。太初四年,公元前101年,长城又从敦煌郡修到了盐泽,所建亭障耸于高岗,起伏且错落。李广利屠轮台以后,调吏士数百在轮台及渠犁屯田,积蓄粮食,以供汉帝国使者之用。都尉在敦煌郡办公,统筹阳关与玉门关辖区的防务。

英国人奥里尔·斯坦因的考古报告证实了汉书所记。这个人1907年自罗布泊出发,勘查汉长城。他在罗布泊,古之盐泽,发掘出木简,其写"太始元年",又有木简写"太始三年",又有木简写"大煎都"。大煎都为地名,应该是匈奴语。一里一里,由西向东,他还发掘出木简,有汉宣帝的年号:地节二年、元康二年、神爵三年、五凤二年。所发掘的这几年的档案,反映了那时候的屯田、亭障和汉长城的建设。档案

酒泉胜迹碑(甘肃酒泉)

还有汉军的番号、报告和命令。再向东,发掘有木质的印盒和函盖,又有一木简写"玉门显明燧蛮兵铜镞百完"。再向东,发掘有青铜镞,一个木匣里装着一支箭,所附公文"箭一支归库另易新者"。其意思是,箭残了,请补充一支。语言甚是简明,不过透露了一种管理的秩序。斯坦因考古报告显示,玉门关至敦煌的汉长城,是以红柳和芦苇编成框架,间以黄土和砾石,层层夯实,节节向上。经过两千年盐浸,其建筑多成化石状。他还在一个燧遂旁发现了草灰。

2013年8月22日9点45分,我抵玉门关考察。我摸了摸小方盘城,进其门,出其门,感慨玉门关都尉治所之固。黄土为墙,干干净净。

玉门关大方盘城(甘肃敦煌)

我瞻仰了大方盘城,军需所储,谓之河仓城。阳光之下,河仓城墙耸墙坍,一种兼混有败落与坚韧的气息笼罩着废墟。沧桑弥漫,盈之于野。疏勒河驮运着一片返照,缓缓而流,沉默如死。

我在阳关只看到了一座燧遂,热风中,它的壁面锈迹斑斑,又不失硬性。汉帝国的战士一旦侦探了敌情总是白天烧烟,黑夜烧火。孤立的燧遂警惕地瞭望着远方连绵的阿尔金山,仿佛它还在上岗。

汉武帝与丝绸之路

考察阳关（甘肃敦煌）

丝绸之路为长安带来了什么

自汉武帝通西域，屡屡怪货奇物遂毕陈于玉门关和阳关。上喜欢天马，也喜欢异器，西域诸国尽其所有，纷纷贡之。建章宫有奇华殿，藏有明珠、珊瑚、琥珀、文甲、通犀、翠羽、朱丹、鱼目、火浣布和切玉刀之类。上林苑养狮子、巨象、猛犬、大雀、善马之类。辗转来了身毒的琉璃鞍，大秦的夜光璧。安息很有趣，让使者朝献的是鸟蛋，甚大。黎轩朝献魔术，由眩者所演。汉武帝元封三年，公元前108年，三百里以内皆观角抵戏，也许就有眩者所演的魔术。汉武帝尤其好客，其巡狩海上尝带外国客，还在太始三年，公元前94年，聚外国客于甘泉宫而飨之。

汉武帝葬茂陵，风雨吹淋两千余年，到现在其冢仍高49.5米。松之苍，柏之翠，视之肃穆。它的周围有霍去病墓、卫青墓、李夫人墓、平阳公主墓、霍光墓、金日䃅墓，以大将重臣与爱妃皇亲之身份陪伴上于

13

斯长眠。在这里发掘有鎏金铜马、琉璃璧、绿釉骑俑和希腊文铅币,也许这就是汉武帝之所珍。

汉武帝茂陵(陕西兴平)

霍去病墓(陕西兴平)

从楼兰王质子于汉,到大宛王质子于汉,反映了汉帝国在西域之影响力渐强。汉昭帝不失父志,继续经营西域,以保障汉使者及西域诸国使者无困于匈奴,尤其不容楼兰抢劫使者。汉宣帝奋祖先之余烈,在巧妙削弱匈奴力量的过程中推进丝绸之路更畅。迎匈奴日逐王先贤掸降汉,在乌垒城,今之新疆轮台置都护,遂使汉帝国的声音传至西域了!到呼韩邪单于赴长安城向汉宣帝行礼,为汉帝国守卫光禄城,郅支单于率众远遁,天下遂定,西域由汉掌矣!这一切,源于汉武帝的决策及其实现之的智力、魄力和实力。

丝绸之路在公元一世纪初曾经暂停,刘秀为汉光武帝时才再度通畅。在唐时它一片辉煌,可惜唐以后,丝绸之路陷入了黑暗,元放而明收,清有盛有衰。

实际上即使在黑暗的岁月,东方与西方的交流也以此存在,只不过被此时的中国执政者顾此不暇。法国学者阿里·玛扎海里指出:丝绸之路仅仅依靠中国,依靠中国对它的兴趣,因为是中国使它通之于西方。他认为,丝绸之路取决于中国的善意或恶意,取决于它的任性。

开辟丝绸之路的意义

好了,我现在想对汉武帝开辟丝绸之路的意义稍作分析。对此问题,天下之士议论纷纷,难免会染庸常色彩。不过在我看起来,此问题是历久弥新,甚至随时反顾,随时动心。

丝绸之路是中国对匈奴忍让五百余年之后义勇反击的产物,这为中国提供了反击劲敌且毕竟赢之的原型。戎狄逼近,周退让,秦固然逐胡于黄河以外,然而秦长城卒为消极防御,汉对匈奴也有几十年的和亲政策。唯汉武帝敢打匈奴,并把打匈奴与通西域融为一体,遂有丝绸之路的开辟,原型就是榜样。

丝绸之路的开辟,使中国把疆土拓展至西域,这为中国世世代代的大且强构建了一个框架。夏商居于中原,划地发展;周的西界在陇西一带,秦的西界在临洮一带,不过周和秦也皆从西向东发展;但汉武帝及其子孙却把管理西域的都护府设于天山南麓与塔里木盆地北缘,今之新疆轮台,中国人谁不为之骄傲!

汉武帝是最早了解亚洲乃至西方的中国领导人,也是最早吸纳亚洲文明乃至西方文明,并最早把中国的影响投射到亚洲乃至西方的中国领导人。其途径是丝绸之路,中国文明的象征是丝绸。

汉武帝最早使用了胡萝卜加大棒的外交手段,以通西域,开辟丝绸之路。他有志于汉之威德遍于四海,知道胡萝卜加大棒就是威德。汉武帝这样认识,也这样做。

汉武帝最早以武力捍卫了丝绸之路的贸易活动。汉使者与西域诸国的使者,常遭抢劫,甚至生命有忧。汉武帝对此一再诉诸武力,毫不含糊。它合乎规则,也有效。

基于丝绸之路,除汉武帝得到天马及万千怪货奇物以外,中国还从西域输入了葡萄、苜蓿、石榴、胡桃——核桃、胡瓜——黄瓜、胡荽——芫荽或称香荽、香菜、胡麻——芝麻、棉花、葱、蒜、西瓜、菠菜——波斯菜、椰枣——波斯枣、番枣、胡豆、胡椒、胡萝卜。当然,中国不仅给世界贡献了丝绸,而且以丝绸之路,经波斯中转,向西方输出大量的粮食蔬菜之种及纸、铜镜、锅、钳子、火镰和瓷器。丝绸之路,显然是一条物流之路。

佛教经丝绸之路传到中国,祆教、景教、摩尼教和犹太教也经丝绸之路传到中国。凡数百年的佛经汉译,求法生法,至唐在长安实现了佛教的中国化。丝绸之路沿线庙宇林立,高僧辈出。佛教之流行,也使中国得到了印度文化、波斯文化和希腊文化的元素。这丰富了中国文化,给中国文化灌注了活力。从阿拉伯半岛骤兴的伊斯兰教,也经丝

单耳彩陶豆(新疆哈密焉布拉克墓出土)

绸之路而传，并在十世纪以后驻留在此。丝绸之路，显然是一条布道之路。

　　在丝绸之路的考古显示，这一带的民族迁徙和易主，是十分有趣的事情。从楼兰发掘的一具干尸的头骨推测，其可能是阿尔卑斯山人，属于印欧语系。也许他们从里海以东过来，逾天山，入楼兰，谓之吐火罗人。他们可能是月氏的祖先，不过这只是猜想。月氏以后游牧至祁连山，乌孙似乎也居于斯。匈奴霸气十足，赶他们走，月氏一部分便迁妫水，为大月氏，乌孙也迁妫水流域。大月氏卒以大夏为臣，统治了犍陀罗，辖区在喀布尔至白沙瓦一带。他们建立了贵霜帝国，所以称为贵霜人，但还是印度—斯基泰人，也就是吐火罗人。他们接受了从恒河流域所传的佛教，然而这已经是一种为希腊艺术所浸润的佛教，从而形成了希腊—佛教艺术。贵霜帝国一度尝是佛教中心，在犍陀罗的希腊——佛教艺术更是发达。以他们与汉帝国有贸易往来，佛教遂传。公元三世纪，贵霜帝国亡，其民流寓塔里木盆地，在莎车、鄯善和于阗一带生活。他们经商并传佛教，用吐火罗语，也用佉卢文。出入丝绸之路沿线的还有羌人、氐人、安息人、粟特人、印度人、回鹘人、契丹人、党项人、女真人、蒙古人、满族人。匈奴曾经是丝绸之路沿线的主宰，然而汉武帝及其子孙征服了它。风云变幻，河山壮美，它注定呼吸中国的空气。

　　丝绸之路沉积着极尽丰富的文物和文献，在敦煌、楼兰、于阗、吐鲁番，多有考古发现。凡写本的，汉文、吐火罗文、佉卢文、婆罗迷文、吐蕃文、回鹘文，都从沙漠和石窟之中得到了。这些写本的内容涉及历史、地理、哲学和文学，实用的有契约、账目、信札、报告、命令、传票和护照，多种多样，涵盖颇广。凡艺术的，壁画、绢画、雕刻、陶俑，无不形神兼备，光彩夺目。凡青铜镞、铜镜、汉币、纸及丝绸织品的残片，都有出土。两千余年，这些文物和文献，见证了文化的交光互影，萌发败落。

打匈奴,通西域,开辟丝绸之路,遂在游牧地区引进了农耕。河西只要置武威郡、酒泉郡、张掖郡和敦煌郡,轰然移民,便必营其邑,立其城,割其里,制其宅,尤其要种植得粮。为了军需,汉帝国也在肃然屯田。农耕当然离不开灌溉,史念海先生分析认为,当时敦煌引入端水和氐置水浇地,酒泉引呼蚕水浇地,张掖引千金渠浇地,武威当以谷水浇地。有灌溉,农耕也会发展。不过也没有因为农耕就减少游牧,河西之马更优。何以证明呢?汉地理志曰:"凉州之畜为天下饶。"

女性腰衣(新疆罗布泊小河墓地出土)

丝绸之路为两千余年以后的丝绸之路经济带战略构想,提供了地理空间和设计窗口。中国将以返顾丝绸之路并重温它的开辟,激活一种最神秘和最浩然之气,创造一个大时代,取得一种大升华。

汉武帝以丝绸之路而不朽

我对汉武帝早就有所琢磨。他对成仙长生孜孜以求,遂惑于方士,显示了人性的弱点;好色猎艳,也不过是人欲之固存,无非他具制度的保障,可以把意淫变为身淫,卒难指摘;罢黜百家,独以儒术为正确,尽管利于汉家,但它却违逆争鸣与交流的天道,必遭文明之弃。这一点,成了汉武帝执政史上的瑕疵;以言论治罪,迫害司马迁,几乎是自己打倒了自己。这一点,实在可恶,我尤其恨之。不过汉武帝作丝绸之路,既益于中国,又益于世界,而且留下了无穷无尽的遗产。唯此一举,辉煌璀璨,可以不朽!

汉武帝与丝绸之路

议曰：

中国之大在于有葱岭至河西之地。此疆域的获得，功归汉帝国，功归汉武帝。

虽然汉以后，这一带在历史上也有数丧，但它却永远盖有中国之印章，中国随时可以收复。现在这一带，包括新疆，就处在中国的版图之中。任何人不当抱有任何妄想。这是中国的祖业，是汉武帝指派其将军打下来的，并由他的大臣进行过治理。

通西域，开辟丝绸之路，也推动了亚洲文明乃至世界文明的交流。

汉武帝在晚年反思自己，觉得战争行为扰劳天下，遂不同意桑弘羊提出的屯田轮台之建议。不过疆域之拓，丝绸之路而行，功在千秋万代矣！敢言自己的政策使天下愁苦，表示追悔，此汉武帝的良知所在。当然，如何在强国与富民之间取得平衡，汉武帝的经验与教训皆可资政。

班固极颂汉武帝雄才大略，具三代之风，独不称扩土之勋和贸易之兴，是其局限。司马光批评汉武帝几乎无异于秦始皇，尽管有免亡秦之祸，终具亡秦之失，是其偏颇。

论张骞二赴西域的贡献

认真推究,便会发现张骞所受任务,只有一次是圆满完成的,其余都未达到预期的目标。

汉武帝元朔六年,公元前123年,大将军卫青出定襄伐匈奴,以张骞曾经久留匈奴之中,了解地理,知道水草丰美之处,委之为校尉。随大将军打仗,张骞确实起到了导向作用。汉军大捷,张骞立功,封为博望侯。张骞的一生,这是最光荣的岁月。

将军李广素不得意。汉武帝元狩元年,公元前122年,张骞与李广同出右北平击匈奴,遗憾李广为匈奴所围,损失惨重。张骞是卫尉,未能率兵及时赶到,以解李广之困。以罪当斩,也许是采取了措施,遂贬为庶人,然而撤销了博望侯。张骞的一生,这是最黯淡的经历。

张骞初赴西域,在汉武帝建元三年,公元前138年,任务是见大月氏王,以其有深怨于匈奴,劝大月氏王与汉帝国结为联盟,共战匈奴。张骞千辛万苦,见了大月氏王,然而结为联盟却没有落实。张骞再赴西域,大约在汉武帝元狩四年,公元前119年,任务是见乌孙王,动员其迁离故土——祁连山与合黎山一带,这样就切割了匈奴与乌孙的关系。乌孙以前游牧于东,张骞认为其恋旧,又赠财物,当是会迁居的。一旦乌孙返于东,做了汉的属国,谓之断匈奴右臂。张骞见乌孙王昆莫很是顺利,然而乌孙王昆莫对汉帝国印象模糊,不为张骞之意所动,断匈奴右臂也没有落实。显然,两次出使西域,张骞皆未达到预期的目标。

但张骞第一次西域之行却大有意外收获。他先入大宛，再入康居，到大月氏，又进大夏，不仅亲临此四国，而且趁机掌握了别的十国的政治、经济和文化形势，以及它们之间的亲疏。此十国是：乌孙、扜罙、于阗、楼兰、姑师、奄蔡、安息、条枝、黎轩和身毒。张骞变寻找大月氏为对西域的情报收集。他向汉武帝提供的西域调查报告，修正并充实了汉武帝的战略构想，从而把打匈奴与通西域结合起来。张骞不但具凿空西域之功，而且具开辟丝绸之路战略构想的实施之功。固然没有达到预期的目标，不过实际上这对汉帝国征服匈奴并未造成什么严重损害，何况大月氏所思有变，由不了张骞。但张骞对西域的发现却有深远意义。他的贡献在此，他的伟大也在此。

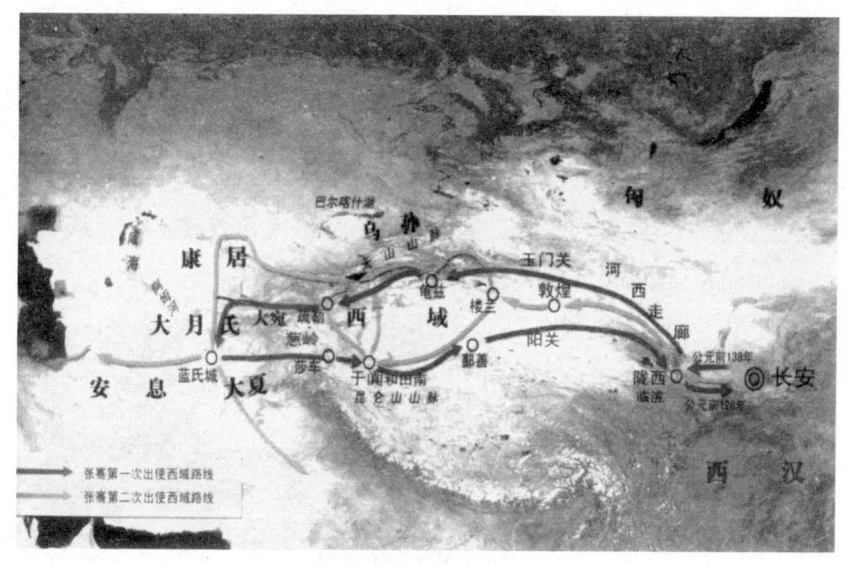

张骞出使西域线路图

他还建议由蜀径往身毒，这就需要对付昆明的阻挠。为了训练水兵，以平昆明，长安才有了昆明池。张骞两次为匈奴所捕，长期生活于匈奴之中，娶匈奴女为妻并生子。汉帝国的大臣，论谁也不能像张骞这样了解匈奴。他在匈奴的感受，也将成为对敌作战的经验。

张骞的第二次西域之行，尽管失算，乌孙不移民于东，然而却为乌孙与汉的和亲奠定了基础,尤其是张骞终于让其使者到长安来,不久他所派的副使也率西域诸国的使者到长安。使者的往来,就是通西域的标志,也是开辟丝绸之路的标志。张骞的贡献也在此。

张骞是陕西汉中人,生于城固,葬于城固。张骞墓在城固县以西的博望侯镇饶家营村。我尝三诣其墓,观清高宗乾隆年间毕沅所立碑,欣赏左右石虎,了解1938年国立西北联合大学考古发掘的汉砖、汉币及封泥铸字"博望造铭"。此大学曾经为考古的收获刻石以记之,遗憾其所立之碑,在1999年卑为修桥的石头。1975年反正,再立碑于斯。20世纪80年代以来,这里陆续建了阙楼和献殿。为申报世界遗产,拆迁了张骞墓周边的农户,植树种草,毕竟如愿。

墓旁有柏、白杨、银杏、柳、桂、红叶李、罗汉松、竹。蓊郁不够,青葱足矣。这里只存一棵古木,人谓之唐柏。我绕唐柏而行,想象张骞,其忽高忽矮,总是烈士。司马迁评价他坚强刚毅,宽宏大量,是诚信的人,连蛮夷也喜欢。匈奴拘他十余年,死不失节,显然有卓越之气魄。他初赴西域率百余人,返长安的时候他仅带一匈奴妻,一随从甘父。不知道他们是如何进未央宫的,三个人,真是悲壮!

汉武帝元鼎三年,公元前114年,张骞死。由于不知道其生卒,遂难明他活了多少岁。张骞进入我的视野是在汉武帝建元三年,公元前138年,他率众出未央宫,出长安城,过陇西,以觅大月氏。自此以后,张骞在

张骞墓,在今陕西城固

世共计二十四年,其中有十八年竟奔波在丝绸之路上。风餐露宿,九死一生,是因为要创业立功,扬名于宇内,流芳于青史。他以效忠天子

实现自己的理想,这也是张骞所在的汉帝国的一种时代精神。凡是汉帝国的大臣多是拼命在创业立功的,张骞以通西域成。

汉政府给张骞的爵位是博望侯,然而须臾遂失。其所任之职历次为:建元三年,公元前138年,为郎。元朔三年,公元前129年,为太中大夫。元朔六年,公元前123年,为校尉。元狩元年,公元前122年,为卫尉。元鼎二年,公元前115年,为大行,进入了九卿之中。不过仅以汉帝国计,处于九卿之列的大臣有多少,名垂青史的又有谁?然而,谁不知道张骞呢?他是中国伟大的外交家,最早把中国的威德传到大宛、康居、大月氏、大夏和乌孙;他是中国伟大的地理学家,最早看到了地中海文明并积极吸纳此文明;他是中国伟大的探险家,通西域之举,使东方与西方互视,交流,或惊而疑之,贸而易之,不仅仅使中国史出现了新的一页,也使世界史出现了新的一页。

议曰:

从长安至西域,有崇山之阻,飞沙之险,本没有道路。

张骞出使西域,成功往返,谓之凿空,指有道路可以赴西域矣。

张骞以凿空而伟大,汉武帝以开辟丝绸之路而伟大。汉武帝有威德遍于四海之志,张骞通西域,是落实汉武帝开辟丝绸之路愿景的具体步骤和关键步骤。张骞的归张骞,汉武帝的归汉武帝。

傅介子何以刺楼兰

西域并非一通百通，可以永逸矣！

实际上匈奴尽管栖身漠北，但一直派使者在西域诸国活动，尤以威胁利诱之法拉拢楼兰和龟兹，企图消耗并毁掉汉对丝绸之路贸易的主导。

虽然楼兰与汉存在交情，不过其阳奉阴违，抢劫汉使者，甚至暗暗杀害汉使者。安息和大宛的使者到长安来，楼兰也寇之。龟兹一向亲匈奴疏汉，总是给匈奴使者提供方便。显然，丝绸之路沿线的形势是不稳的。

汉昭帝年幼，霍光辅佐，遂遣傅介子平定西域。

傅介子分别至楼兰和龟兹，批评他们没有透露匈奴使者在这一带流窜的情况。他们态度尚好，愿意反省并改过。楼兰还勉强提供了一个情报：匈奴使者将经龟兹至乌孙。

谋成于胸，傅介子想消灭匈奴使者，也知道机会难得。于是他就按计划赴大宛。事毕，遂径奔龟兹。恰恰匈奴使者已经从乌孙返龟兹，他便当机立断，率壮士斩了匈奴使者。

几年以后，傅介子刺楼兰。

楼兰虽然是小国，然而其踞丝绸之路要冲，作梗我汉。赵破奴将军虏楼兰王之后，楼兰便在匈奴和汉各质一子，以保持平衡，不过仍偏向匈奴。汉武帝征和元年，公元前97年，楼兰王死，其使者至长安，请质于汉的儿子归去，欲立之为王。可惜此儿子在长安犯法，受了宫刑，

傅介子何以刺楼兰

无法还楼兰,楼兰便立楼兰王别的儿子为王。新的楼兰王也在匈奴和汉各质一子,然而未几,新的楼兰王又死了。匈奴得到消息,顷送质于匈奴的儿子还楼兰,立之为王。新的楼兰王当然会听令于匈奴,汉遂间距而被动。汉昭帝登基,便诏新的楼兰王往长安来觐见,还特告天子会有丰厚之赏,这也是正常的对外关系,是一种礼。然而新的楼兰王竟借口政局不静,希望以后朝献,汉帝国感到了一种冷遇!

傅介子曾经以斩匈奴使者立功,汉昭帝拜他为中郎,旋擢平乐监。凭他对西域诸国的了解,认为一个楼兰,一个龟兹,不诛将无法使其明白什么是汉之罚,并警戒它们及西域诸国。

汉昭帝元凤四年,公元前77年的一天,傅介子向大司马霍光提出,欲刺龟兹王。他说:"楼兰、龟兹数反复而不诛,无所惩艾。介子过龟兹时,其王近就人,易得也,愿往刺之,以威示诸国。"此乃几年之前,斩匈奴使者之际对龟兹的观察。不过霍光建议他可以在楼兰试一下,因为龟兹道远,楼兰道近。刺楼兰之计就这样决定了。

傅介子是北地人,今之甘肃宁县一带人,以未留下生卒年,我不清楚斩楼兰王的时候他多少岁。也许他很年轻,也许他已经年老,不过那个时代立功求名是不设岁数的。霍去病24岁就以功拜为大司马、骠骑将军,李广60余岁仍驰骋沙场,挥刀杀敌,以得大功。

遵霍光之示,傅介子率壮士,携黄金及锦绣出长安城而去。至楼兰,其王对傅介子一行竟不以为意,当然也无会晤之心。傅介子就扬言将天子所赐财物送其他西域诸国,辞楼兰而俳进。抵楼兰西界,傅介子又悄然对翻译说:"汉使者持黄金锦绣行赐诸国,王不来受,我去之西国矣。"掏出灿烂的黄金让翻译看。

翻译知道利在咫尺,遂迅速见楼兰王汇报情况。楼兰王获悉汉使者携有黄金和锦绣,贪而求之,遂接待傅介子一行。傅介子与楼兰王坐下来对饮,并展示财物。楼兰王大喜,喝着喝着就醉了。傅介子对楼兰王说:"天子使我私报王。"便以目光延引楼兰王随他去。傅介子站起来,带楼兰王入帐篷,并挡住其他侍从,以独语于楼兰王。两个壮士猛地执刀从背刺王,刀交叉于胸,血出之,王顷死。

突然的变故吓傻了楼兰王的左右,惊如鸟散。傅介子拦住他们说:"王负汉罪,天子遣我诛王,当更立王弟尉屠耆在汉者。汉兵方至,毋敢动,自令灭国矣!"其无不服从。

傅介子便提着楼兰王的头凯旋长安,挂之于北阙。汉昭帝奖励傅介子说:"平乐监傅介子持节使诛斩楼兰王安归首,悬之北阙,以直抱怨,不烦师众。其封介子为义阳侯,食邑七百户。士刺王者皆补侍郎。"楼兰王之弟尉屠耆,降汉有日,自居长安。汉帝国便改楼兰为鄯善,立尉屠耆为王,给他刻了印,选宫女做了他的夫人,尽备所用,以车骑运之。汉丞相率百官送尉屠耆出了长安城的横门,表示支持他。

遗憾尉屠耆知道前王有儿子,势力甚大,自己孤单且弱,极为危险。他便奏请汉昭帝,指出楼兰——鄯善有伊循城,土地肥沃,盼汉军在此屯田,广积粮食,以使他渐重威德。汉帝国遂遣司马一人,吏士四十人,屯田并镇守伊循城。以后在此设了都尉,楼兰——鄯善设汉官就是由这里开始的。

议曰:

地缘政治从来都是存在的,尤其是它既复杂,又变化,以变化导致复杂。

处于大国之间的小国,始终都是地缘政治的活性元素。尽管是小国,笼之则益,脱之则殃。其为小国,也必然摇摆于大国之间。

楼兰和龟兹就是处于汉与匈奴之间的小国。其亲汉,丝绸之路遂顺;其投靠匈奴,丝绸之路遂滞。它们往往是两边投注,两边得利,何其狡也!由于文化的原因,看起来楼兰和龟兹更愿意入伙匈奴。只是汉强大,它们不敢放肆而已。

汉武帝死,汉昭帝立,汉帝国按程序接班。当是时也,楼

傅介子何以刺楼兰

兰王见汉昭帝年龄轻,经验弱,竟召而不睬,甚至赏而不受。德之遭拒,便用之以威。所谓威,就是傅介子刺楼兰,灭其王,更迭其政权,以使楼兰停止干扰丝绸之路的贸易。刺楼兰,也是对龟兹的警告。

傅介子策划了此事,并慷慨为之,胜利完成了任务。借古而鉴今,不亦宜乎!当然,示威当有道义,尤其自己要强大。

论郑吉首任都护的意义

汉宣帝执政,继续经营西域,以畅丝绸之路。这个时代的有功之臣是郑吉。

郑吉,会稽人,当在今之江苏与浙江一带。

郑吉以从军任侍郎,几度赴西域,也熟悉西域诸国的情况,品质强执,立有三功。

一功:屯田渠黎。

渠黎当然在西域,其国族虽小,大约以西北与东南斜线,居轮台与尉犁之间,但地广而水饶,在今之库尔勒以西。

2015年10月24日,我夜至库尔勒,兴奋至极,遂站楼兰宾馆顶层向西寻觅渠黎,以感知汉军屯田之远。星辰繁列,天地浩渺,难见其木。

汉武帝天汉二年,公元前99年,渠黎便派使者至长安朝献。于斯屯田起于汉武帝时代,开荒务农,储备粮食。不过干活的并非农民,而是吏士与负罪免刑之徒。

渠黎近车师,汉昭帝继位之际,匈奴控制了车师,并干扰汉在渠黎的屯田。重要的是,匈奴以车师为把柄,阻挠丝绸之路的贸易。

汉宣帝地节二年,公元前98年,上遣郑吉和司马熹驻渠黎屯田,郑为侍郎,司马为校尉。在此屯田,固然是要存粟藏谷,以供使者之用,不过深层的目的是为攻车师。

二功:破车师。

车师不大,以匈奴染指,久为顽疾。匈奴介和王降汉以后,汉武帝封其为开陵侯。汉武帝天汉二年,公元前99年,上命开陵侯率楼兰兵击车师。因匈奴遣右贤王率重兵救援,开陵侯不得不作罢。汉武帝征和四年,公元前89年,重合侯马通领兵伐匈奴。汉军气势雄壮,过车师以北地界。近在箭镞之间,不打不是错失良机吗?开陵侯便率包括楼兰兵在内的西域六国兵猛攻车师。车师降汉,遂臣属之。

然而事有反复。汉武帝崩,汉昭帝登基,匈奴派四千骑兵占领车师,车师遂为匈奴所掌。至汉宣帝本始二年,公元前72年,上又遣五位将军:田广明、赵充国、田顺、范明友、韩增,率兵共讨匈奴。匈奴见势不妙,数千骑兵畏惧而去。车师遂又通汉,臣属之。

不过匈奴对汉掌车师十分恼怒,遂纳车师太子军宿为质,进行牵制。军宿不愿意为质,亡焉者,车师便立乌贵为太子。乌贵即位做了车师王,竟娶匈奴女为妻,结为婚姻,于是车师就又依附匈奴了。汉使者赴乌孙,匈奴辄在车师一带拦而掠之,所以不治此顽疾是不行的。

在这样的背景下,郑吉和司马憙屯田渠黎,虽意在扼守丝绸之路,也剑指车师,以彻底控制丝绸之路。到秋天收割谷子之际,郑与司马兴师破车师交河城。车师王乌贵躲进石城,灭之遇阻。汉军以食尽,遂卷旗返渠黎。至粮食归仓,郑与司马再兴师以攻石城,乌贵闻风而逃,求助于匈奴,然而匈奴未出兵援助,乌贵沮丧而还,终于降汉。

匈奴气急败坏,便调头打车师。郑吉和司马憙非常明白保护车师的重要,带兵怒迎,见汉军严阵以待,匈奴遂退。郑与司马安排部分吏士留下守卫车师,侍局势安定,才率队伍凯旋渠黎。

乌贵害怕,逃乌孙以保命。郑吉和司马憙为备匈奴作坏,便接乌贵的妻子至渠黎。妥善安排以后,送他们至长安。

车师有沃土,郑吉组织了三百吏士赴之屯田,以多打粮食。然而匈奴是绝对不会轻易放弃车师的,几次发兵攻汉吏士,争夺车师之地,战斗极为惨烈。郑吉与司马憙便从渠黎调兵驰援车师,岂料匈奴也在增兵,遗憾汉兵少,匈奴兵多,汉兵只能据城抵挡。匈奴隔墙扬言,车师之地,匈奴必要,汉吏士不可屯田。匈奴忽隐忽现,再三扰汉。

郑吉请求汉政府扩充屯田之吏士,以伐匈奴。汉政府认为道远耗繁,当以搁置车师的屯田为妥。令达车师,郑吉照办。为让郑吉顺利撤离车师,汉宣帝便遣长罗侯常惠率张掖兵与酒泉兵在车师以北耀武扬威,以佐郑吉。匈奴不知道真相,感到恐慌,便夹尾而亡。郑吉乃出车师,归渠黎以屯田。

车师王乌贵遁匿乌孙,汉帝国当然知道,也同意乌孙收留他。那么谁做车师王呢?车师太子军宿仍亡焉耆,汉帝国便召他,立军宿为车师王。经商量,汉便迁车师之民至渠黎生活。车师王军宿到渠黎来,显然是亲汉的,于是多年来车师与匈奴的关系终于断了。

车师就是姑师。以汉军所伐,卒分车师前王国和车师后王国。

郑吉以破车师,由侍郎晋升为卫司马。

三功:接收匈奴日逐王降汉。

汉宣帝神爵二年,公元前90年,匈奴内乱,日逐王先贤掸颇感危机,起意降汉,便传语于郑吉。

郑吉以渠黎为基地,动员西域诸国五万兵欢迎。日逐王率一万二千余兵民杂沓而至,随郑吉到了河曲。不知道什么缘故,突然有匈奴兵民转身而逃,郑吉疾声纵马,追而斩之。其机智勇敢,保证了日逐王顺利降汉,并带其赴长安。为给日逐王以鼓舞,汉帝国封其为归德侯。

郑吉三功的意义是,既保障了丝绸之路鄯善以西的南道安全,又保障了车师以西的北道安全,谓之都护。都护之置,起于郑吉。其指有汉以来,甚至中国有史以来,西域所设的第一个行政机构是西域都护府,郑吉为第一任都护。治所在乌垒城,今之新疆轮台的野云沟附近,处于西域诸国的中部。郑吉威震四海,且镇且抚。汉宣帝嘉其功,封为安远侯,食邑千户。

通西域,开辟丝绸之路,郑吉的贡献并不亚于张骞的贡献,是因为郑吉任都护,便把汉帝国对西域的治理以都护府的形式实现了军事化与行政化的统一。

班固赞曰:"汉之号令班西域矣,始自张骞而成于郑吉。"

议曰:

  都护府是汉帝国的一个行政机构,不过它是一个兼容有军事力量的行政机构,负责对西域的治理,主要是捍卫丝绸之路的安全。

  郑吉屯田渠黎,破车师,接收匈奴日逐王降汉,为建立西域都护府奠定了基础。

  西域诸国之属汉,此过程九十余年,真是前仆后继,艰苦卓绝。通西域是张骞,但向西域诸国布告汉帝国政策的却起于郑吉。

  郑吉和张骞一样伟大,只是张骞的一生颇具传奇色彩,遂声震宇内。

班超巧治西域诸国考

汉和帝于永元七年,公元95年,慨然封班超为定远侯,邑千户,地在今之陕西汉中西乡一带。

我曾经至西乡一走,心有所动。西乡静卧秦岭以南,米仓山郁郁葱葱,谷有水出。丘陵错落之间,处处茂林修竹,密稻疏荷,遂悄然问曰:当年班超是如何享用其千户之邑的?享用到何时呢?

汉和帝奖励班超,是因为在班超的努力之下,西域五十余国尽有质子居汉,表示归附,丝绸之路复通了。汉和帝表彰曰:"超遂逾葱岭,迄县度,出入二十二年,莫不宾从。改立其王,而绥立其人。"不过班超也64岁了,隐隐身病骨损矣!

班超家在扶风平陵,今之陕西咸阳秦都一带,父为班彪,兄为班固。班超素怀壮志,广览诗书,能忍辱,更敢承担。班固受私改国史之诬,被捕入狱。班超怕其兄在拷问之下难辩事理,毅然径奔洛阳,上书汉明帝。幸而得到上的召见,兄之祸患从而一去。由于汉明帝的激赏,遂擢班固为校书郎,管理图籍文献,班超也随母迁居洛阳。

班超受雇佣为官府抄书,所得报酬聊以养家。不过他羡慕张骞和傅介子,暗忖投笔从戎,以赴西域立功封侯。然而命运总是寓于一定的机会之中的,他尚需等待。

汉明帝也还关注着班超。询弟做什么,班固已经亲近上,便报告,弟为官府抄书。汉明帝爱才,便任班超为兰台令史。职位很重要,皇帝之诏命,大臣之奏章,地图、律令和财簿,都在兰台令史的管理范畴,属于档案工作,机要工作。遗憾班超失误,坐事免官。塞翁失马,安知祸福,也许他的机会将翩然而来的。

当时的西域形势是:北匈奴重建了在西域的统治,丝绸之路断绝六十余年矣。

原因在王莽当皇帝,他遣使者会晤匈奴乌珠留单于,送其一方印——新匈奴单于章。使者同时收缴了汉帝国的一方印——匈奴单于玺,并立即砸碎了它。以章代玺,低了一等,匈奴感到受了侮辱,遂大肆犯边。西域诸国发现情况有变,也遽然倒向匈奴。公元10年,车师后王降匈奴,结盟对付新王莽军。公元13年,焉耆王发兵致西域都护但钦死,并猛攻新王莽军。屯田西域的汉员也不承认王莽为皇帝,投奔了匈奴。一旦匈奴掌西域,便软硬兼施,左右作梗,以堵丝绸之路。天下动乱,谁也乏力理其事。一晃几十年,久矣,西域不通矣!

汉明帝登基,积极图治。十年以后,国富民强,便想行汉武帝故事,打北匈奴,通西域,畅丝绸之路。

汉明帝永平十六年,公元73年,奉车都尉窦固受命伐北匈奴,班超任假司马,就是军司马的副职。班超能在窦固麾下负副职之责,在于他们是世交,都是扶风平陵人。兵战伊吾,今之新疆哈密,又战蒲类海,今之新疆巴里坤西北的巴里坤湖,斩首颇多。汉军乘胜在伊吾宜禾设都尉,并屯田于斯,以挡北匈奴从北窜南。

班超的表现既智又勇,深得窦固赏识,便差他与郭恂出使西域以通之。不过在班超看起来,郭恂,从事也,一个平庸之徒,所以当干的时候他会自己定夺,单独干之,不理睬郭恂的。非常之人,会行非常之事,也会立非常之功。

班超和郭恂带三十六吏士往鄯善去,目标是清理西域之南道。所谓南道,指出敦煌,至鄯善,今之新疆婼羌,傍南山沿河西行,至于阗,今之新疆和田,至莎车,今之新疆莎车,至疏勒,今之新疆喀什。莎车世奉汉家,即使北匈奴为霸,也不负义。问题在鄯善和于阗,它们是汉强顺汉,虏强顺虏,皆无坚定之立场。

到了鄯善,班超敏锐地感到鄯善王广对他先有礼,后怠慢。从这种小小的变化分析,应该是北匈奴派使者来了,鄯善王受到了约束。班超遂诈问一个照顾汉使者生活的侍胡曰:"匈奴使来数日,今安在乎?"骤恐之下,侍胡遂尽吐北匈奴使者在鄯善的情况。判断得到了证实,怎么办?如何对待北匈奴使者呢?

班超撇开郭恂,召集吏士商量。他鼓舞吏士,吾辈赴西域,要立非常之功,以取得富贵;他也警告吏士,鄯善王可能会抓吾辈以送北匈奴,结果连骸骨也要喂豺狼。他指出,功成的办法是消灭所有北匈奴使者,吓得鄯善王破胆。他稍息了一会儿,透露了火攻之谋。班超曰:"不入虎穴,不得虎子。当今之计,独有因夜以火攻虏,使彼不知我多少,必大震怖,可殄尽也。"吏士表示,生死皆从假司马。

天黑了,班超便率吏士冲向北匈奴使者所居营房。他令十个吏士拿着鼓,藏在宿舍背面,其余吏士执弓持刀,埋伏在宿舍的门两边。忽然气流急掠,有吏士便按约定顺风纵火。见火燃起,宿舍背面遂鼓响如雷,声势甚烈。北匈奴使者俄惧之下,乱中出门。班超格杀三人,别的吏士斩首三十余人,所剩百许人皆焚于营房。

天明以后,班超才向郭恂通报了晚上击虏之状。郭恂顿然色怵,继而面悦。班超便通知鄯善王等候,遂拎着北匈奴使者的头让他看。鄯善王十分害怕,班超就晓之以理,再三抚慰。鄯善王便表示归附,并质子于汉,以展其诚意。

班超返伊吾,向窦固做了汇报。窦固高兴,就向汉明帝上奏其功。汉明帝非常满意班超之举,擢他为军司马,并指示窦固,继续派班超出使西域。征求班超的意见,是否要给他增兵,班超告曰:"愿将本所从三十余人足矣。如有不虞,多益为累。"何等豪迈!

班超便速至于阗。出乎意料,于阗王广德对他的态度几乎冷得像霜。也难免,于阗刚平了莎车,又有北匈奴使者在驻,对于阗是既监督,又保护,遂极为炽盛而雄张。

于阗有信仰巫之俗,其巫曰:"神怒何故欲向汉?汉使有騧马,急求取以祠我。"于阗王闻巫之言,感到惶恐,便差大臣会晤班超,传达他的意思,希望班超送自己黑嘴黄毛马以祭神。班超有侦探,从而悉数在获,连此事的细节都已得知,遂让巫过来取马。

巫得意而至,以为会顺利牵马而还。其根本没有想到,班超一见之下,抽刀削掉了他的头。班超便拎着巫之头送于阗王。在于阗王的惊愕之中,班超给了他一顿严肃的批评。

于阗王显然已经知道北匈奴使者在鄯善的下场,赶紧杀了驻其疆的北匈奴使者,并悠然归附。班超喜悦,便重赐于阗王及其众臣。镇而抚慰是谓训术。

班超研究了疏勒的政局,准备改换其王。汉明帝永平十七年,公元74年,班超领吏士从小路穿入疏勒。盘橐城是疏勒的权力中心,在距此大约九十里的时候,汉吏士停止前进,潜伏起来。春光透明,只是风尚发凉。

龟兹王建是以北匈奴扶持所立的,当然唯北匈奴之命为遵。龟兹王又依靠北匈奴的援助破疏勒,除掉疏勒王,自己推一个龟兹人兜题做了疏勒王,不但龟兹是北匈奴的帮凶,龟兹还把疏勒拉到了抗汉的集团,西域如何能通?

班超认为,兜题名为疏勒王,实为龟兹傀儡,所以兜题在疏勒一定离心离德。他派田虑往盘橐城去劝兜题降汉。班超交代田虑:"兜题本非疏勒种,国人必不用命。若不即降,便可执之。"执之就是把兜题扣押起来。

田虑至盘橐城见了兜题,这个冒牌元首觉得田虑力弱不可畏,竟没有丝毫的降汉之意。田虑乘其不备,蓦地冲上去,抓住他,捆绑了他。兜题的左右不料田虑如此凶猛,吓得四散而逃。田虑遂让同志驰报班超,以妥善处置。

班超进了盘橐城,邀集疏勒贵官,历数龟兹及兜题之恶,遂举一个疏勒人忠为疏勒王。忠是遭害而死的疏勒王的侄子,所以举国上下,无不赞成。对兜题怎么办?疏勒王忠及其大臣纷纷建议班超杀了兜题。班超不同意,他认为威德颇为重要,遂放了兜题,送他走了。

结果是,龟兹与疏勒彼此生怨,这也标志着疏勒脱离了北匈奴之羁,转而亲汉。显然,班超不仅是军事家,也是杰出的外交家。

解决了鄯善和于阗的问题,又解决了疏勒的问题,南道就通了。南道通了,西域也就通了,丝绸之路也就畅了。

汉明帝永平十七年,公元74年,已经崩溃了六十五年的西域都护府得以恢复。陈睦任都护,治所在交河城,车师前王庭,今之新疆吐鲁番西北大约五公里一带。汉帝国还建立了完整的屯田机构,包括:耿恭任戊校尉,屯田车师后王庭,校尉所在金蒲城,今之新疆昌吉奇台一带;关宠任己校尉,屯田车师前王庭,校尉所在柳中城,今之新疆吐鲁番一带。军司马班超遂在于阗与疏勒一线负责,这显然有助于保障丝绸之路的贸易。

遗憾的是,西域之北道仍在北匈奴的控制之下。所谓北道,指出敦煌,至车师前王庭,今之新疆吐鲁番,随北山傍河西行,至焉耆,今之新疆焉耆,至龟兹,今之新疆库车,至疏勒,今之新疆喀什。北匈奴在这一带久有经营,素为扰攘之源。

汉明帝永平十八年,公元75年,上崩。消息流布西域,诸国遂叛。趁汉有大丧,焉耆狠攻都护,陈睦殉职,大约两千吏士也丧命边塞。班超坚守盘橐城,然而龟兹数攻疏勒,姑墨也随龟兹发兵数攻疏勒。尽管有疏勒王忠的配合,可惜汉吏士毕竟单少,是孤立支撑,卒难久远。

在计划清理西域之北道的时候,南道再阻,西域又绝,丝绸之路又不畅了。

到汉章帝建初元年,公元79年,上也是初即位,反复考虑,主要是军费支出因素,决定罢西域都护府。知道班超独困疏勒,处境危险,便指示他速归。一年有余的坚守真是艰苦卓绝,君命有征,班超不得不还。

知道汉要撤退,西域诸国极为忧患。疏勒老少发愁,害怕龟兹灭之。有疏勒校尉黎弇,激动地拦住班超说:"诚不忍见汉使去。"便割颈而死。班超到了于阗,于阗上至王广德,中至大臣,下至布衣妇孺,团团包围着班超,有的号哭,有的抱着班超的马,有的落泪说:"依汉使如父母,诚不可去。"班超估量于阗人究竟是不会放他返汉的,又欲实现他固有的立功封侯之志,乃改变主意,调头往疏勒去。

曾经撇开郭恂,火攻北匈奴使者,现在又违抗君命,以主西域,这便是班超的性格。

至疏勒,班超才发现西域形势之严峻。疏勒本是归附汉的,然而在班超离开之际,须臾之间,竟有两城脱离疏勒以降龟兹。小小的尉头,今之新疆乌什,也加入到抗汉之列。北道一直为北匈奴所掌,南道显然也伸来了北匈奴的爪子。

班超明白自己应该迅速恢复汉对疏勒的主导,以构筑一个击虏堡垒。他率兵逮捕疏勒的悖逆之徒,愤然斩其首,接着挥鞭破尉头,杀其兵六百余,疏勒遂安。一旦疏勒的秩序得以巩固,他便整合力量,逐步组建伐虏联军。

姑墨不大,极其仇汉,总是紧跟着龟兹。班超了解这一点,遂有意歼姑墨。经过两年的备战,也基本上组建了一个联军。汉章帝建初三年,公元78年,班超率疏勒、于阗、康居和拘弥的部队,共一千人,猛打姑墨,一举破之。这一仗的胜利给了班超极大的鼓舞和启示,壮志之酬也更清晰,更坚定了。

再三考虑,班超有了一个安定西域的策划。他就上书汉章帝,分析西域诸国之状态,提出了自己的建议。班超认为,当年先帝击匈奴,以汉使者相劝,鄯善和于阗立即向化。现在的拘弥、莎车、疏勒、大月氏、乌孙和康居,也都愿意通汉并归附。现在不顺服的,只有龟兹和焉者。不过西域诸国多数都亲汉,且存共识:依汉与依天等,这足见汉之分量。有西域诸国多数的支持,葱岭就可以逾越,逾越葱岭,汉之联军就可以伐龟兹和焉耆,特别是可以打龟兹。姑墨王和温宿王,都不过是龟兹所立而已,打龟兹,必然导致姑墨和温宿降汉。如果姑墨和温宿降汉,那么龟兹几乎就败了。若得龟兹,那么西域诸国未顺服的便仅剩百分之一耳。班超督促上曰:"今宜拜龟兹侍子白霸为其国王,以步骑数百送之。"他相信汉之联军一定能擒龟兹王。班超慨叹曰:"以夷狄攻夷狄,计之善者也。"他由衷地希望安定西域,通西域。班超祝福汉章帝:"陛下举万年之觞,存勋祖庙,布大喜于天下。"

　　汉章帝览奏章,觉得事可以成,便召大臣研究增兵西域,给班超以支援。徐干是扶风平陵人,挺身而出,向上表示,他愿意往西域去帮助班超。上批准,遂在汉章帝建初五年,公元80年,拜徐干为假司马,率一千吏士骏奔疏勒,以解班超的燃眉之急。徐干不愧大义,不愧班超之同乡和同志。

　　情数真是变化多端:莎车猜测汉乏举措,以惧龟兹,竟离汉而降龟兹。疏勒有都尉番辰,也怕龟兹,居然也脱汉而攀龟兹。

　　面对如此局势,班超和徐干判断稳定疏勒是关键,遂兴师击疏勒的番辰。破之,除斩首千余之外,还获番辰众俘虏。平番辰的意义是,使疏勒恢复为一个整体,并保证亲汉。

　　为了壮大汉之联军,班超酝酿了一个争取乌孙出兵的方案。他认为,汉武帝曾经嫁公主于乌孙王,乌孙也曾经出兵支援汉宣帝打匈奴,彼此关系是深厚的,乌孙出兵是可能的。当然,向乌孙请兵,唯汉章帝有此权。于是班超就再上书汉章帝,建议遣使者盛情招慰,以争取乌孙出兵。汉章帝纳班超之言,遣卫侯李邑送乌孙使者返乌孙,所携锦帛颇重,以赠乌孙王及其贵官。事在汉章帝建初八年,公元83年。

　　可惜事不顺利,错在李邑。送乌孙使者至于阗,恰逢龟兹打疏勒,李邑生畏,遂不敢向前走。他上书汉章帝,指出西域不可平,并狂毁班超拥爱妻,抱爱子,乐不顾汉。幸而汉章帝明察,不相信李邑之言,并斥责了他。如何处理李邑,汉章帝指示由班超办。班超无愧厚道之士,便让李邑携乌孙的侍子返京师。他觉得为泄私愤留下李邑,报复李邑,非忠臣也。

上悉班超之所为,提拔他为将兵长使,并赋予其大将军才具的鼓吹幢麾之权。上也提拔徐干为军司马。

汉章帝建初九年,公元84年,上又征集八百吏士,由假司马和恭带领赴西域支援班超。汉军增强,班超遂连疏勒兵和于阗兵协同打莎车。不料莎车差使者会晤疏勒王忠,啖以重利,疏勒王竟受其诱惑,叛汉随莎车而去。班超灵机一动,换疏勒王。有成大其人,任疏勒府丞,应该是亲汉的,便立成大为疏勒王。原疏勒王忠打算凭乌即城抵抗。班超便率汉之联军,包括疏勒王成大在内,向乌即城发起攻势,欲俘原疏勒王忠。

打了半年,未破乌即城,是因为康居出兵帮助原疏勒王忠。大月氏与康居刚刚结成了婚姻关系,班超认为彼此一定颇为密切,遂派汉使者携重礼,包括锦帛,见大月氏王,请其出面劝康居罢兵。事就这样行了,康居撤兵,乌即城遂降汉。但康居撤兵的时候却携原疏勒王忠一齐走了。复杂乎?复杂矣!忠坚持他是疏勒王,虽然流亡,仍为正宗,所以忠卒为祸害。

果然,到汉章帝章和二年,公元88年,原疏勒王忠向康居借兵,返疏勒,以损中为据点,企图对班超采取行动。忠又获得龟兹的支持,志在取胜。

原疏勒王忠差使者见班超,表示自己要归附汉。班超何等智慧,早就尽悉其诈术,从而将计就计,同意会晤。忠甚为得意,轻骑而至,班超为忠设宴,还有乐助兴,似乎一团喜气。酒酣之间,班超顿令吏士下手,遂捆绑了忠,砍了他的头。汉吏士击其随从,并杀虏七百余。

忠所统治的疏勒,仿佛南道之石,成了一个障碍。一旦推倒此石,粉碎它,南道遂又通。

至汉和帝永元元年,公元89年,班超以于阗为主,发西域诸国兵两万五千,再打莎车。龟兹为救莎车,也发温宿、姑墨和尉头三国兵五万。互相对峙,寡众分明。

班超知道不敌,便面授于阗王广德一计:晚上鼓响两散,于阗兵东去,汉军西去,不打莎车了。因为是作战之谋,就故意放松对俘虏的羁押,纵其报信。

龟兹王不知是计,闻于阗兵和汉军两散,不禁大乐。其率兵一万向西截击班超,并指示温宿王率兵八千向东拦击于阗王广德。确认龟兹兵和温宿兵各奔东西以后,班超急令西域诸国调兵合伐莎车。莎车不备,兵马乱逃,班超军遂杀其兵五千,并大获其马,大收其财。莎车败,降汉。龟兹、温宿、姑墨和尉头见势不妙,也从莎车匆匆撤兵。这一仗影响甚大,以此班超威震西域。

汉和帝永元二年,公元90年,大月氏忽然翻过葱岭攻班超。兵七万,浩浩荡荡,由大月氏副王谢指挥。汉军少,难免有吏士慌恐。

大月氏对汉军数有支援,也曾经向汉献符拔和狮子一类的奇货,彼此交往是深厚的。原因是大月氏王欲娶一位汉公主,派使者见班超,表达其美意。班超闻之,婉然拒绝,大月氏王乘兴碰壁,恼羞成怒,竟要动武,而且兵有七万。

班超告诉吏士,大月氏固然兵重,然而长途跋涉,缺乏运输,是不可久战的,所以不必怕。他要求汉军把粮食藏起来,固守而已。他预测几十天以后,大月氏无谷充饥便会求饶。

大月氏副王率兵攻班超,力竭不克,又掠夺不得,陷入迷茫之中。班超估计其粮食将尽,定会求助龟兹,便部署伏击。如班超所料,大月氏副王果然派部队送礼给龟兹,汉军阻而击之,悉杀大月氏兵。

汉吏士遵照班超的命令,拎着大月氏兵之头呈大月氏副王,副王十分吃惊,便差使者见班超认罪,希望能活着归去。班超润明练达,遂放大月氏副王谢率兵还家。大月氏以此心存敬畏,对汉岁有所贡。

汉和帝永元三年,公元91年,龟兹、姑墨和温宿感到威德扑面,遂一一降汉。上满意,擢班超为西域都护,都护府置龟兹它乾城,徐干为长史,屯田疏勒。上又拜白霸为龟兹王,遣司马姚光送其即位。至龟兹,班超与姚光携手废龟兹王尤利多,更立白霸为王。防尤利多在龟兹复辟,姚光便携其诣京师。

西域此时只有三国焉耆、危须和尉犁不在都护府的管辖之中,遂胸怀异想。除了此三国,统统归附。

汉和帝永元六年,公元94年,班超任都护已经三年,当有所响动了吧!是的,这一年他发兵七万,有汉军,也有龟兹兵、鄯善兵和其他西域诸国兵,还有吏士及商贾一千四百人,排山倒海,以讨焉耆。

部队踏上尉犁界面,班超便派汉使者对焉耆、危须和尉犁三国分别通告:都护到这里来是做抚慰的,若打算改过向善,当差贵官迎之。汉使者还宣布:都护会赏王并贵官的,事毕遂返。汉使者接着说:今赐王彩五百匹。这真是有礼在先了!

焉耆王广未迎,只差其左将北鞬支提供牛和酒给班超。北鞬支是北匈奴的侍子,但焉耆之权却由北鞬支掌握。班超斥责他:"都护自来,王不以时迎,皆汝罪也。"

有麾下建议杀了北鞬支,班超认为不宜,反之赐其物,送他回焉耆。北鞬支显然发挥了作用,因为焉耆王广旋率贵官赴尉犁见班超,并有珍奇相奉。尽管焉耆王广对班超有所表示,不过他仍缺乏建立邦交的诚意。他还令焉耆兵拆掉苇桥,以阻汉军入境。

伐焉耆似乎成了必然的事。班超指挥部队避开苇桥,从别的地方过河。抵达焉耆是在七月的晦日,在距其城二十里处,汉军安营布阵。

汉军的降临,焉耆王大悸,便欲率贵官登山顽抗。焉耆人里有一个叫元孟的,是焉耆的左侯,曾经质子于汉,对汉情深,便悄悄派使者把焉耆王的打算向班超透露了。为麻痹焉耆王,班超竟让使者作了牺牲。

当然,班超也没有打焉耆,他要用智慧得焉耆。他派汉使者邀请焉耆、危须和尉犁三国王会晤,将有重赏。

在所定之日,焉耆王广和尉犁王汎都到了,北鞬支也到了。大约有三十人,然而危须王没有到。他们各坐其位,彼此顾盼,不知班超怎么重赏。出乎意外,班超勃然而怒,厉声而问:"危须王何故不到?腹久等所缘何逃亡?"腹久是焉耆的国相,他窜通贵官十七人跑了。

也许腹久的感觉是对的,跑了便可以保命。腹久显然是焉耆的一只狐狸。

班超肃然指示吏士:逮捕焉耆王广、尉犁王汎及其所有贵官,押解至交河城,车师前王庭,都护陈睦曾经行令的地方,一一杀之。传其首往京师去,以禀报汉和帝。这也算是血祭陈睦,以告慰其英灵吧!

班超奋武纵兵,斩虏五千余,活捉虏一万五千,得其马及牛羊三十余万头。更立元孟为焉耆王,以保证焉耆亲汉。班超巡视焉耆半年,抚慰并使其安定。

于是西域诸国,计五十余,就尽质子于汉,以示内属。内属者,国为汉之属国,地为汉之属地,顺服也。

汉和帝七年,公元95年,上封班超为定远侯,邑千户,以奖励他在西域所立之功。

五年后,班超疾侵体弱,也久处绝地,难忍思乡之情,便上书汉和帝盼能恩准返中土,其曰:"蛮夷之俗,畏壮侮老。臣超犬马齿歼,常恐年衰,奄忽僵仆,孤魂弃捐。昔苏武留匈奴中尚十九年,今臣幸得奉节带金银护西域,如自以寿终屯部,诚无所恨,然恐后世或名臣为没西域。臣不敢望到酒泉郡,但愿生入玉门关。"让其子班勇执礼入塞赴京师。

班超有妹班昭,也上书为其兄哀求。汉和帝感动,遂征班超回京师,这一年是汉和帝永元十四年,公元102年。上拜班超任射声校尉,可惜一月之后他便逝世了。享年71岁,前后在西域达三十年。

班超当年于龟兹它乾城营造都护的治所,其遗址在今之新疆新和,1928年,由考古学家黄文弼发现。他在玉奇喀特乡尤勒贡协村勘探,见旷野文物颇多,汉砖、汉瓦、汉五铢钱、汉箭簇、汉玉斧、汉玉刀、汉玉佩,都有所得。把文物与典籍结合起来研究,黄文弼判断这就是汉和帝永元三年所设的西域都护府。班超于斯办公,之后是任尚和段禧为都护,也在此办公。遗憾至汉安帝永初元年,公元107年,羌乱爆发,顿闭陇道,报告不能上传,诏命不能下达,汉帝国遂撤销了西域都护府,龟兹它乾城随之毁矣。

踏着班超的脚印,我进入西域一带,今之新疆库尔勒和喀什,可惜我在这里只有短暂停留。

库尔勒的基本范围在古之西域国族焉耆一带,遗憾的是,我只能想象过去的焉耆是什么样子,焉耆人如何生活。我在2015年10月25日至29日所看到的库尔勒完全是一个现代化的城市,时尚且杂糅着梦的元素。道路宽阔,建筑高大,唯驰汽车,没有牛,也没有羊,更没有骆驼。孔雀河穿城流市,浪平波清,宜于泛舟。偶见天鹅展翅蓝天,会忧郁地吟咏几声,收尾而去。

危须在焉耆的北部偏东方向,但尉犁却在焉耆南部偏东方向,多取焉耆一块,再略取尉犁一块,把彼此合起来,便构成了库尔勒。

尉犁连着鄯善和且末,位于蒲昌海,或曰盐泽,或曰泐泽,或曰牢兰海,或曰罗布,今之罗布泊的西部偏北方向。总之,尉犁、鄯善和且末,皆处罗布泊的周边。

我在罗布淖尔久久徘徊。这里的胡杨甚美,小的一臂粗,老的一腰粗,往往逐水而生。孔雀河两岸曲折蜿蜒,尽是胡杨。青枝黄叶,晴空白云,颇具销魂之美。

罗布淖尔的胡杨

20世纪中叶以前,这里还有谓之罗布人的渔者和猎者,他们住在树上,并不以耕田为生。幸甚至哉,我在此还看到一个妇女,罗布人。她在一片胡杨之间搭棚烤鱼,以售四方之士。她看起来很和善,厚道,白脸

木质工具——新疆罗布泊小河墓地出土

高颧,深目突眉,似乎是突厥人与蒙古人的混血。她不会汉语,打电话,我当然也听不懂。

小河墓地的考古发现,透露了孔雀河下游一带印欧人的消息。他们在女人的墓上扎棱形胡杨柱,在男人的墓上扎浆形胡杨柱,显示了生殖崇拜。他们种小麦,编麻,缝皮靴。他们把死者的尸体置于胡杨之棺,胶封以后,用牛皮包裹,遂成不朽的木乃伊。这些印欧人生活在公元前一千五百年至公元前一千八百年之间,也许还早,生活于公元前两

千年。

2015年10月27日至28日,我在喀什考察。抱歉班超,你在疏勒的工作踏踏实实,辛辛苦苦,遂使西域诸国无不从善,但我却一观大体,仅草草感受了喀什的地理、气候和物产。当然,我也看了艾提尕尔清真寺,看了阿帕克霍加墓,或曰香妃墓。我在高台民居的小巷转了半天,饱览了维吾尔族的屋舍风格,也窥见了他们的习俗。此民居建在一片悬崖上,侧闻足有六百余年的历史了。

木雕人面像(新疆罗布泊小河墓地出土)

喀什就是古之西域国族疏勒,丝绸之路的南道与北道对接于斯。我不知道班超当年看到的疏勒是何貌,班超也不知道我现在看到的喀什是何貌!

附记:在历史上,丝绸之路有所谓的三绝三通。一绝指新王莽始建国元年,公元9年,以对匈奴政策的改变,激起匈奴和西域诸国的造反。先有车师后王降匈奴,并联合抗新,后有焉耆王杀西域都护但钦。北匈奴控制西域,丝绸之路一绝。一通指汉明帝十七年,公元74年,西域都护陈睦履职,丝绸之路由汉控制。二绝指汉明帝十八年,公元75年,北匈奴及龟兹、焉耆诸国进攻汉在西域的权力机构,杀都护陈睦,到汉章帝建初元年,公元79年,上令班超离开西域,丝绸之路二绝。二通指汉和帝永元六年,公元94年,以班超的外交之谋和武装之力,西域五十余国尽从汉,丝绸之路由汉管理。三绝指汉安帝永初元年,公元107年,羌乱陇道,西域诸国背弃,汉不得不罢西域都护,停止屯田,丝绸之路三绝矣。三通指汉安帝延光二年,公元 123 年,以班勇为西域长史,率兵屯田柳中城,继而大呈威德,使鄯善、龟兹、姑墨和温宿诸国归附,逐北匈奴而去,收复车师前王庭和车师后王庭,并在汉顺帝永建元年,公元 129 年,乘胜追击北匈奴,逼虏遁迹。汉顺帝永建二年,公元 127 年,班勇与敦煌太守张朗共战焉耆,败之。焉耆降汉,丝绸之路遂归汉所握。

议曰:

丝绸之路一旦断绝,就是六十余年。

断绝的原因,在外,无非是北匈奴感受到了王莽的侮辱,从而犯边,由此又引起西域诸国勾结抱团;在内,西域的汉官汉民,也不承认新皇帝王莽的政权,竟追随了北匈奴。于是匈奴就控制了西域,丝绸之路遂阻。

班超赴西域,使五十余国顺服,终于复通丝绸之路,一凭勇,二凭智,尤其是利用了西域诸国之间的利益之争。他的观点:"以夷狄攻夷狄,计之善者也。"已经成为一条重要策略。这是基于他的发现,更是经过了他的实践。也许基于平等互惠原则的丝绸之路贸易是更好的,可惜当时尚无此文明。

班超以去职之身,卒任西域都护府,封定远侯,颇具人生之启示。班超不怕苦,不怕死,其动力在立功求名,富且贵,合乎人性与人情。这也在儒家精神之中。

论甘英未见大秦的遗憾

安息东接大月氏和乌弋山离,向西可往处于底格里斯河与幼发拉底河之间的条支去。

安息与汉自汉武帝以来就有外交关系,养在上林苑的大雀便是安息王所赠。安息王还送了鸟蛋,其形硕大。百年之后,汉章帝坐江山,安息王又送了狮子,并送了符拔。也许狮子是由身毒传到安息的,符拔其形如麟,然而没有麟的角,皆为异兽,中国不产。

甘英随班超在西域工作,是其属官。汉和帝永元九年,公元97年,都护班超派甘英往大秦去,以展开贸易。大秦就是张骞所了解的黎轩,实际上就是罗马帝国。它的辖区包括了地中海周边,东含叙利亚和小亚细亚一带。范晔曰:"其人民皆长大平正,有类中国,故谓之大秦。"

甘英逾葱岭,到了条支,至安息西界,望波斯湾白浪起伏,茫然一片。他打算航行赴大秦,可惜安息的船夫谎言相告,指出海之大,逢顺风三个月可以渡过,逢逆风大约需要两年才能渡过,所以入

罗马剧场残迹

47

海的人都带很多粮,以够食三年。船夫睁目直视甘英曰:"海中有思慕之物,往者莫不悲怀。若汉使不恋父母妻子者,可入。"

海中思慕之物当指希腊神话里的女妖塞壬,她有美妙的歌声,足以诱惑水手和乘客,使之留下。俄狄浦斯以竖琴之音盖过她的歌声,奥德修斯以蜡封住伙伴的耳朵,并把自己绑在桅杆上,才得以渡过。这里当是地中海墨西拿海峡,越此向前航行就是真正的罗马了。

甘英难免忧惧,遂止于斯。

汉想通罗马,罗马更想通汉。在公元前1世纪,奥古斯都时代,中国丝绸已经盛行于罗马,不过唯贵族才用得起。提比利乌斯执政,觉得中国丝绸太华丽,太奢侈,遂要禁用,然而社会澎然反对,终于禁而未止。

中国丝绸经安息人或身毒人之买卖才到罗马,中介赢利甚多。他们交市于海,也欠透明。如果中国与罗马能有直接的贸易,那么中国便会增加收入,罗马也会减少成本,何乐而不为呢?所以彼此都在寻找。不过安息人或身毒人也知道他们的获益所在,显然要紧紧掌握丝绸的贸易,从而隔阻遮阂,使中国与罗马不得自达。安息人更精明,做得也更绝。

甘英在波斯湾止步,是他上当了。

汉和帝永元十三年,公元101年,安息王满屈向上赠狮子,又赠大雀,谓之安息雀。送礼都是投其所好,在安息王看起来,汉帝国的元首就喜欢这类珍异吧!

汉桓帝延熹九年,公元166年,大秦王安敦,终于派使者向上赠了象牙、犀角和玳瑁。汉大臣比较失望,认为大秦王之礼并无珍异,遂怀疑是传者之过。问题是,谁为传者?此乃大秦初通汉,走的当是海路,因为其在日南,今之越南中部,是汉之边卡。大秦使者应该向汉吏士提交了大秦王之礼,所以汉吏士也是传者。

从安息过泰西封,今之伊拉克巴格达东南一带,再过塞琉古以西,今之伊朗与亚美尼亚一带,走陆路,也可以至大秦,可惜甘英没有选择此线。

沿丝绸之路而行,由于是觅大秦,甘英遂为走得最远的中国人。当然,公元8世纪有中国人杜环,也可以算作走得最远的中国人。他曾经随唐将军高仙芝破石国,遭到西域诸国包括大食之反击。高仙芝大败,两万人为大食所得,杜环就是其中一个。不过他奇迹一般地挣脱羁绊,顺丝绸之路一带穿而越之,竟到了地中海东岸。十年以后,他从波斯湾乘船返唐,抵广州,不亦快哉!

议曰:

汉要出口丝绸,罗马要进口丝绸,以此,汉与罗马彼此都在寻找。汉直接营销,收入更多,罗马直接采购,成本更少。遗憾事不遂愿,有安息——波斯做了中介。当然,安息——波斯是绝不会轻易放弃从中牟利的,这也可以理解。

甘英几乎就到罗马了,可惜船夫挡了他。船夫也是维护其国族的利益,他甚是警觉。甘英不辞葱岭之艰险,能至波斯湾的确是难能可贵。想象他会晤罗马官员,世界将是何等格局,也不禁让人慨叹!

裴矩利导西域诸国考

隋炀帝持身不正,治国乏德,遂失天下。不过他为君,也有西域之谋,并非仅仅凿运河,乐江都。当然,他的西域之谋,既有兼并之志,又有扬威之愿,主要图的还是热闹和声望,追求万邦来朝的幻境。

当时西域诸国,纷纷赴张掖,交市于中国。张掖一带,尽管远离京师,然而贸易颇为繁荣。中国的特色仍是丝绸,不过也增加了锦衣和缎裳。隋炀帝知道这一点,所以刚刚即位,便令大臣裴矩负责西域的工作。

裴矩生于河东闻喜,今之山西闻喜人。其洞明世情,孔透心机,尽晓上有耀德于悬地之思,很是努力。西域诸国商贾到了张掖,裴矩便循循善诱,切切考察,了解山川关隘,方物风俗。他终于撰三卷书,附图,大录西域。其返京师,献自己的著作给隋炀帝,谨供上一览。遗憾中国人粗于档案管理,此三卷书早就湮灭,好在有序文相传。

让我也做一次搬运工,抄一段。勾勒西域之变迁,甚为简明,请阅。

臣闻禹定九州,导河不逾积石,秦兼六国,设防止及临洮。故知西胡杂种,僻居遐裔,礼教之所不及,书典之所罕传。自汉氏兴基,开拓河右,始称名号者,有三十六国,其后分立,乃五十五王。仍置校尉、都护,以存招抚。然叛服不恒,屡经征战。后汉之世,频废此官。虽大宛以来,略知户数,而诸国山川未有名目。至如姓氏风土,服章物产,全无纂录,世所弗闻。复以春秋递谢,年代久远,兼并诛讨,互有兴亡。

或地是故邦,改从今号,或人非旧类,因袭昔名。兼复部民交错,封疆移改,戎狄音殊,事难穷验。于阗之北,葱岭以东,考于前史,三十余国。其后更相屠灭,仅有十存。自余沦没,扫地俱尽,空有丘墟,不可记识。

让我再做一次搬运工,再抄一段。描绘西域三道,颇为清晰,而且是张骞通西域以来的一种总结。

发自敦煌,至于西海,凡为三道,各有襟带。北道从伊吾,经蒲类海铁勒部,突厥可汗庭,度北流河水,至拂菻国,达于西海。其中道从高昌,焉耆,龟兹,疏勒,度葱岭,又经钹汗,苏对沙那国,康国,曹国,何国,大、小安国,穆国,至波斯,达于西海。其南道从鄯善,于阗,朱俱波、喝磐陀,度葱岭,又经护密,吐火罗,挹怛,忛延,漕国,至北婆罗门,达于西海。其三道诸国,亦各自有路,南北交通。其东女国、南婆罗门国等,并随其所往,诸处得达。故知伊吾、高昌、鄯善,并西域之门户也。总凑敦煌,是其咽喉之地。

裴矩难免有对隋炀帝猜测和推崇,建议遣使者到西域去,一旦诸国向善而归附,吐谷浑和突厥便可灭之。裴矩曰:"混一戎夏,其在兹乎!"

隋炀帝非常满意裴矩的工作,赐物,一再召其商量西域之事。裴矩已经完全掌握了隋炀帝所谋,遂盛言西域诸国多宝,吐谷浑容易兼并。隋炀帝很高兴,决定通西域。任裴矩为民部侍郎,寻迁黄门侍郎,命其经略。

裴矩照隋炀帝的指示,又赴张掖,设法使技,以延引西域诸国朝献。这一段高昌有贡,吐谷浑也有贡。尤让隋炀帝欣喜的是,西域十余国陆续觐见。突厥启民可汗甚为积极,派其子并其兄的儿子交替朝献,终于得到允许,自己也觐见了隋炀帝。还蕃以后,他上书隋炀帝,恳请变服,袭冠带,表示文化。

隋炀帝年轻,性格张扬,效法古者帝王观风问俗,一再巡狩。

隋炀帝大业三年,公元607年,上驾至榆林郡,今之内蒙古准格尔旗、土默特左旗、土默特右旗和托克托县一带,并于斯宴请突厥启民可汗及其部落下三千五百人,奏百戏之乐。

隋炀帝大业四年,公元608年,上驾至五原郡,今之内蒙古达拉特旗和杭锦旗一带,检查了长城的安全。此年在军事上还有一个胜利,就是左翊卫大将军宇文述率兵在曼头和赤水破吐谷浑,从而验证了裴矩的判断。

隋炀帝大业五年,公元609年,隋炀帝决定巡狩河西,并命裴矩往敦煌去先做安排。

驾出洛阳,过函谷关,至长安。上感慨甚多,遂有节目。在武德殿款待耆旧四百人,肴馔馨香而丰盛。入崇德殿西院,不禁想到先帝,默然且愀然。上注意到西院右侧的空阔,便吩咐左右,宜在此筑以大殿。

阳春三月,驾过武功,过扶风,至陇西。大猎之后,出临津关,今之甘肃积石山大河家镇大河村一带,渡黄河,到了西平,今之西宁。隋炀帝在此陈兵设武,欲击吐谷浑。吐谷浑可汗伏允有所察觉,遂率众入覆袁川,今之青海门源永安河谷一带,以求自守。隋炀帝分命内史元寿南屯金山,兵部尚书段文振北屯雪山,太仆卿杨义臣东屯琵琶峡,将军张寿西屯泥岭,四面包围,合击之下,吐谷浑大败。不过其可汗伏允竟以数十骑逃出包围,亡命党项。隋拓地数千里,以兵戎之。

大获胜利,上驾便至燕支山——焉支山。裴矩很精明,早就派使者见了高昌王和伊吾王,并啖以重利,导其朝献。包括高昌和伊吾,西域二十七国谒于道左,隋炀帝大快。佩金带玉,被锦挂罽,又是音乐,又是舞蹈,气氛十分热烈。或张掖,或武威,凡士女皆盛装致礼。数十里一场连一场,呈物博览,悉显中国之富强。

秋凉了,驾遂返长安,继而至洛阳。以裴矩有功,进位银青光禄大夫。

裴矩利导西域诸国考

隋炀帝大业六年,公元610年,裴矩以西域诸国朝献甚多,建议在洛阳大演其戏,上同意。征四方奇技,演艺于端门街,彩绣为衣,金翠垂珥,长十数里,百官及士女列坐纵观,隋炀帝也微服视之再三。处处设帐,广布酒食,以方便诸国之贸易。诸国小商大贾任情喝酒,随意进食,醉饱而散。其嗟叹:"中国为神仙!"以裴矩用心用力,隋炀帝表扬曰:"裴矩大识朕意,凡所陈奏,皆朕之成算。"

西域诸国是隋炀帝扬德之重点,也是取得珍异之重点,遂遣裴矩协助将军薛世雄在伊吾营造一城。裴矩告诉诸国,往来贸易,其途长远,所以在此作一城,图的是方便。诸国信以为然,不复来此角逐争胜。裴矩返,隋炀帝赐钱四十万。

当时突厥分为处罗可汗和射匮可汗,以射匮失职,遂归附处罗。隋炀帝巡狩河西,处罗自以为强,竟没有觐见,上颇为恼怒。

在此愤恨之际,射匮便派使者会隋炀帝,希望结盟。裴矩灵机一动,建议隋炀帝用反间计,使射匮潜攻处罗,以分裂突厥,变其强为其弱。上欣然采纳,令裴矩晓谕射匮。射匮遂派使者觐见隋炀帝,盼有支持。上承诺发兵诛处罗,当成婚姻,并立射匮为大可汗。得使者之讯,射匮大喜,兴师攻处罗。处罗不防,当然败之。但未身亡,领数千骑逃至高昌东界一个山中。

处罗其母为向氏,本为中国人,以突厥动乱,流寓京师。裴矩遵隋炀帝之命,骏奔京师,接向氏至玉门关晋昌城,并差向氏邀其子。处罗遂抵晋昌城朝献,不过辄有怏怏之色。

一年以后,处罗至涿郡临朔宫觐见隋炀帝。其稽首而拜,之后从征高丽。

丝绸之路沿线诸国多通隋,唯天竺与拂菻不通,隋炀帝胸存深怨。遗憾天下外有外争,内有内反,终于不如意。

隋炀帝大业十四年,公元618年,有鲜卑人宇文化及发动兵变,杀了隋炀帝。灿烂的西域之梦隋炀帝也就做完了。

江山易手,然而裴矩始终不倒。宇文化及僭皇帝位,裴矩仍为贵官——拜尚书右仆射,加封光禄大夫。窦建德立国,裴矩还是贵官——拜吏部尚书,寻转尚书右仆射。李渊建唐,裴矩依然当贵官——拜左庶子,旋迁詹事、民部尚书。李世民登基,闻大臣有受贿的,惊叹不已,自己也半信半疑。为判定真假,他令人以财诱试大臣,发现还真有收绢一匹的。唐太宗震怒,欲斩之。裴矩认为上以物诱试大臣品质不妥,曰:"恐非导道齐礼之义。"唐太宗纳其言,赞裴矩。

司马迁曰:"三晋多权变之士。"观其裴氏,诚然,诚然!

议曰:

  裴矩是一个世事洞明的人。他在西域的经略完全是按照隋炀帝旨意从事,不过其结果,有助隋与西域诸国的贸易往来。

  裴矩给隋炀帝的调查报告,一是厘清了西域诸国的亡存,二是明确了丝绸之路的北道、中道和南道。这种疏理在丝绸之路历史上颇具研究价值,更有承前启后的应用价值。他认为敦煌是丝绸之路的咽喉,显然是对魏晋南北朝以来西域形势的总结,也是理解莫高窟佛教状态的钥匙。

  裴矩策划了征伐吐谷浑的方案,先在张掖举办了隋与西域诸国的博览会,后在京师又举办了类似的博览会。这些虽然有满足隋炀帝欲望的意思,不过其结果,显然扩大了隋帝国的影响。在伊吾营造一城,实际上是隋不以武力主导丝绸之路的尝试。让突厥顺服隋,也是一种巧取。

  裴矩有奇计矣!

  隋短,但隋所创造的西域格局却为唐在西域的作为打下了基础。

李靖大破突厥之战探

　　李靖大破突厥，使其不得不做唐的属国，丝绸之路的一个严重障碍便消除了。当然，突厥背叛唐并侵犯之，还将一再发生，也会有自立为可汗的。不过李靖之大破，已经摧毁了突厥的主体。

　　突厥是怎样一个国族呢？资料显示，突厥为杂胡，阿史那氏，其曾经游牧今甘肃平凉一带。鲜卑人在公元5世纪20年代崛起，建立了北魏。大约十年以后，北魏太武帝灭沮渠氏。阿史那氏见势不妙，便放弃平凉，以五百家扬鞭而去，投奔了茹茹，并世居金山。金山之形如兜鍪，而兜鍪俗呼突厥，则以为号。也有认为阿史那氏是狼之子，所以突厥的牙门标有狼的头纛。其食肉饮酪，贱老贵壮，工于铁器，骑射为善，残忍是性，男女关系具严格规定，对淫乱之徒，会割势且腰斩。

　　突厥在金山一带渐渐发展，遂有作霸之意。公元6世纪40年代，北魏亡了，突厥便在铁勒讨伐柔然之际，半路出击，以歼铁勒。突厥素臣柔然，一旦强盛，便向柔然请婚。柔然拒之，其便打柔然，且败之。有阿史那土门，在公元552年自谓伊利可汗，突厥汗国也就建立了。

　　突厥乘胜西破挹怛，东逼契丹，北方草原诸国悉归其有，遂要进入中原。大约公元6世纪30年代以后，其随西魏攻东魏之际，到了太原一带。北周和北齐皆弱，遂向突厥争嫁女子为妻，以获安全。有佗钵可汗对其大臣就说："我在南两儿常孝顺，何患贫也！"两儿指北周和北齐，足见突厥之气焰。

　　佗钵可汗死，沙钵略可汗立，拥兵四十万。当此之际，公元581

年,隋刚刚诞生,突厥甚为猖獗,当然会大寇边境。凡武威、天水、安定、金城、上郡、弘化、延安,悉遭掠夺。家有六畜,无不劫之。

隋不但统一了中原,而且将统一江南,这使突厥惊恐,因为它明白,一个强大的王朝必将压缩自己的生存空间。

北周的千金公主,初为佗钵可汗妻,又为沙钵略可汗妻。隋取代北周,她在感情上和利益上,显然也难以接受,从而常怀亡隋之心,日夜进言沙钵略可汗以攻隋。

隋军不得不出塞反击,然而隋主要是利用西突厥与突厥的矛盾对突厥进行分化。隋有使者往西突厥去订交,于是其达头可汗就扰攘沙钵略可汗。突厥受西突厥之困,遂向隋既示小,又示好,以取得支持,隋便由被动变为主动。

隋文帝开皇四年,公元584年,大臣虞庆则出使突厥,终于使沙钵略可汗向隋称臣。两年以后,突厥不但为西突厥所迫,也为契丹所惧。其左右不爽,就只能诉之于隋,允许其迁大漠以南,寄居白道川,今之内蒙古呼和浩特以北的白道溪一带。隋文帝同意,沙钵略可汗便大喜,表示伏惟隋皇帝,并承诺永为藩辅。以隋为君,突厥为臣,遂赐北周的千金公主杨姓,改封其为大义公主。

隋文帝开皇七年,公元587年,沙钵略可汗派其子献了方物,自己也以在恒山一带狩猎为乐。可惜他的牙帐失火,情绪骤坏,竟沮丧而死。叶护可汗立,旋有都蓝可汗,沙钵略可汗之子,取代了叶护可汗。不过他们皆臣隋,并置市发展贸易。

突厥毕竟属于潜在的威胁,这也是隋所知道的,尤其是大义公主,尽管得杨姓,不过她仍持覆隋之志。她与西突厥泥利可汗勾结,并向其施加影响,目的是图谋于隋。会其私通从胡,隋文帝就把她废黜了。不过她活着,终究是祸。怎么办?除掉!这当然要有机会。

沙钵略的一个儿子染干,为突利可汗,游牧于大漠以北,希望结亲于隋,便派使者请婚。隋文帝答应了,不过上交给他了一个任务是诛其大义公主。突利可汗明白需要有所表示，便领受其意。他向都蓝可汗谮之，想借刀斩妇。都蓝可汗与突利可汗为兄弟，是可以交流信息的。忽闻大义公主有恶，都蓝可汗就在帷帐之中杀了她。

都蓝可汗与突利可汗虽然各为其王，总是兄弟，也许有一天会携手攻隋的。怎么办？离间都蓝可汗与突利可汗，当是削弱突厥的妙计。隋文帝开皇十七年，公元597年，突利可汗请婚成功，娶了安义公主。隋嫁之，礼甚厚，并遣使者数往。突利可汗得意，也派使者屡来入朝，共计三百七十回。彼此往来如此频繁，刺激了都蓝可汗，其生气地说："我，大可汗也，反不如染干！"不但断绝入朝，而且一再侵境。都蓝可汗也攻打突利可汗，于是突利可汗就更依赖隋，突厥便继续撕裂。

隋文帝封染干为启民可汗，并在朔州筑大利城使其移居。启民可汗表示："奉事至尊，不敢违法。"安义公主卒，隋又以义成公主妻之，这就牢牢把握了启民可汗，并催化都蓝可汗的部族多有内属。

为形势所逼，都蓝可汗与西突厥达头可汗窜通攻隋，隋军出塞反击。隋军未至，都蓝可汗已经为麾下所杀。都蓝可汗死，达头可汗便自谓步迦可汗，一时成了西突厥和突厥都蓝可汗部族的共主。其猛攻启民可汗，以达到统一。对此，隋不会无动于衷，反之是要支持启民可汗的。隋文帝仁寿元年，公元601年，隋军与启民可汗联合作战，于是步迦可汗所笼络的突厥都蓝可汗之部族就四散而去。难道让其自由流浪吗？不，启民可汗随之收纳。所谓的共主已经无法控制局面，步迦可汗便投奔吐谷浑，大约公元610年卒。西突厥步迦可汗之部族也多为启民可汗所收纳，似乎又产生了一个共主。如果是，那么它也毕竟是隋的归附。

隋炀帝继位以后，突厥仍保持相对平稳和顺从，启民可汗一再入朝。隋炀帝巡视榆林郡，启民可汗也至行宫晋见，并献马三千匹。上大悦，赐帛品一万两千段。启民可汗激动地说："臣今非是旧日边地突厥可汗，臣即是至尊臣民。"

隋炀帝大业五年，公元609年，启民可汗死，其子咄吉世嗣位，为始毕可汗。其提出尚公主，诏从俗行之。始毕可汗也入朝，秩序井然。

隋炀帝大业十一年，公元615年，裴矩灵机一动，建议再撕裂一次突厥，隋炀帝同意。具体措施，一是暗结始毕可汗之弟叱吉设，二是谋害始毕可汗所宠信的军师之徒史蜀胡悉。

此举令始毕可汗极为愤怒，遂顿然拒贡。不仅如此，隋炀帝巡视雁门，始毕可汗还率兵十九余万布局包围，意在歼之。隋军速到，义成公主也诱指北方恐有不测，始毕可汗才引去，从而解除了危难。不过突厥一旦翻脸，必要越界。

隋有天下三十年，对突厥的基本战略是分化，反复撕裂，使其不足以占领中原。尽管兴师反击两次，然而并未斩首灭之。显然，突厥依然是一个在北方保持实力的国族。

天下忽然大乱，各路豪杰纷纷起义，无不想当皇帝，坐江山。得意的是李渊，他在公元618年以长安为国都，建立了唐。

当中原混战的时候，突厥实力迅速发展和壮大。控弦百余万，足见突厥强盛之程度。此间，中国人起码有几十万投奔突厥，甚至揭竿而起之士，包括薛举、窦建德、王世充、刘武周、梁师都、李轨、高开道，无不向突厥称臣，受可汗之号，以获突厥的支持。

顷刻为霸，从而东自契丹、室韦，西至吐谷浑、高昌，皆唯突厥之旄是瞻，因为这些国族都依靠了突厥。

李渊也不得不屈尊，称臣于突厥，以争取援助。率众从太原出发，至龙门，关键之际，始毕可汗派兵五百，赠马两千，扩充了李渊的队伍，遂能使其顺利进入关中。

唐高祖不抹杀突厥的援助，对始毕可汗大有所赏，算是一种报答吧。遗憾始毕可汗根本不满足于财宝，其高视阴山，觊觎着中原。

始毕可汗死，突厥出现政权更迭。在处罗可汗短暂司令以后，启民可汗的三子，处罗可汗之弟，颉利可汗执政。其继承父兄之资，深存冯凌中国之念，以掌丝绸之路。

唐高祖武德三年，公元620年，西突厥可汗和高昌王派使者入朝。突厥当时还是处罗可汗，他也派使者至长安，送了条支国的巨鸟。然而突厥一旦归颉利可汗所统，他便拘捕唐使者并侵唐。

唐高祖武德四年，公元621年，颉利可汗率兵攻雁门。唐高祖武德五年，公元622年，颉利可汗又攻朔州，又攻并州，其骑五万，浩浩荡荡矣！此年军阀刘黑闼寇山东，突厥也出兵呼应。唐高祖武德六年，公元623年，颉利可汗再攻朔州。此年军阀高开道寇幽州，突厥仍有行动。唐高祖武德七年，公元624年，颉利可汗与突利可汗联合攻唐，既寇幽州，又寇并州，险射长安，京师不得不戒严。唐高祖武德八年，公元625年，颉利可汗率兵十余万，肆掠朔州，猛袭太原，其他突厥也犯定州。唐高祖武德九年，公元626年，上见突厥气焰甚烈，便诏州县修筑城隍以备突厥。玄武门兵变发生秦王李世民杀其皇太子李建成和齐王李元吉以后，颉利可汗判断有机可乘，遂率兵十余万攻泾州，又攻武功，近逼于高陵。颉利可汗率兵徘徊渭水便桥以北，环顾我长安城。其心何野，其想何妄，岂不若揭？

唐高祖以天下初定，对突厥厚道忍让，这使突厥误以为唐可以吞并。颉利可汗频频寇境犯边，唐高祖也不过是防御而已。此间，皇太子李建成和秦王李世民也一再出兵讨之，齐王李元吉偶尔遵示也会有诛，不过多是备虏，并未真打。所谓真打，共计两次，一次是唐高祖武德五年，公元622年，有定襄王李大恩获悉突厥饥荒，建议唐军夺取马邑，可惜不成，李阵亡，王师败绩；一次是唐高祖武德八年，公元625年，并州道总管张公瑾与突厥遭遇太谷，也不顺，王师仍败绩。

唐高祖知道唐弱，窃畏突厥，遂行防御之计。在颉利可汗与突利可汗联合侵犯以后，有大臣建议，突厥侵唐，是因为长安多有年轻女子，所以不以长安为国都，其犯唐自止。唐高祖信之，竟令中书侍郎宇文士及寻找可以安居之地，以迁国都。幸而唐有秦王李世民，他极谏不能迁之。他提出要打突厥,说:"霍去病,汉廷之将帅耳,犹且志灭匈奴。"

李世民也要灭突厥,不过此任务将由李靖完成。

不久秦王成为唐太宗,他便改变了唐高祖对突厥的防御政策。打突厥,是从唐太宗指示行军总管尉迟敬德开始的。玄武门之变以后,有一次,颉利可汗寇泾州,突利可汗也参加。上令尉迟敬德迎击,其便率兵至泾阳,斩首千余级,是为捷报。

现在,颉利可汗率兵十余万,在渭水便桥以北望着我长安城,颇为彷徨,因为他不清楚唐军的实力如何。再三斟酌,他便派其重臣执失思力入朝为觇,并吹嘘突厥之强。

唐太宗毫不客气,当着执失思力的面,责斥了颉利可汗的负约,随之囚他于门下省。唐太宗遂带六骑,出玄武门,至渭水,隔津警告颉利可汗负约了。颉利可汗很是茫然,顷见唐军汹汹而来,又念执失思力未返,忧患顿起,遂向唐太宗请和,上同意。

按彼此的商定,几天以后,唐太宗与颉利可汗再到便桥来,行了白马之盟,突厥便引退。过了一些日子,颉利可汗派使者向唐太宗献马三千匹,羊一万头,然而上不接受。唐太宗向使者提出,颉利可汗应该放还所掠之中国人。

白马之盟只是唐太宗的缓兵之计,其目的是平突厥,这当然是需要准备的。唐太宗贞观元年和贞观二年,边境相当安定。此间,龟兹、高昌和党项皆有朝贡,靺鞨和契丹都作内属。

唐的地缘政治越来越好,但突厥的情况却越来越糟,凡它的部族,素在阴山以北的,薛延陀、回纥、拔也古,一一背叛。突利可汗是颉利可汗之侄,虽然曾经遵示攻唐,不过他对颉利可汗也久存疑忌。颉利可汗见部族多逆,便派突利可汗镇之。以其败绩,竟惹颉利可汗之怒,遂拘突利可汗十余日。突利可汗也就有了背叛之思,并派使者至长安,建议唐军打颉利可汗。

此间,唐太宗无日不在殿前教射,以使王师精锐,大破突厥。

唐太宗贞观三年,公元629年,薛延陀自称可汗,随之派使者至长安献方物。西突厥风止草静,也有朝贡。当此之际,颉利可汗娶唐公主为妻,遂修其婿礼,以做唐臣。

突厥显然已经盛极必衰。这时候不征伐突厥何日征伐!

唐遂大幅动员,集中优势,以打突厥。一个目标,兵出五道:兵部尚书李靖和代州都督张公瑾出定襄道,并州都督李勣和右武卫将军丘行恭出通汉道,左武卫大将军柴绍出金河道,卫孝节出恒安道,薛万彻出畅武道。五道并进,悉由李靖节度。节度者,调动且指挥也。

李靖是雍州三原人,今之陕西三原人。生于官宦之家,相貌伟岸,志存高远,颇具智谋。先仕隋,后入秦王李世民幕府,以平定割据势力表现了军事才能。尤以江陵降萧铣,岭南之安抚,在丹阳灭辅公柘,毕显他的运筹。

李靖也有打突厥的经验,对突厥并不陌生。唐高祖武德八年,公元625年,颉利可汗率兵十万攻太原,上诏李靖任行军总管,统其江淮兵一万余屯太古。驻扎太古的,还有其他唐军。突厥势大力猛,唐军多不赢,有的尽覆,唯李靖所统江淮兵独全。唐高祖武德九年,公元626年,颉利可汗又率兵侵犯。其入泾阳,长安遂受威胁。当时的皇太子李世民令李靖为灵州道行军总管迎击,其日夜兼程,长趋灵州,以断突厥的归路。由于白马之盟,才避免了交锋。

唐太宗知道李靖的杰出,遂拜刑部尚书,至唐太宗贞观三年,公元629年,拜兵部尚书,是想让其率兵灭突厥。

唐军兵出五道,震恐大地。过去为突厥所掠的中国人,遂入塞而归。到了冬天,突利可汗及其部族也投奔而来。其他突厥也纷纷内属,唐政府就开四夷为州县。户部资料显示,凡男女足有一百二十万在这一度入唐,它也证明突厥已经空洞且萎缩。

唐太宗贞观四年,公元 630 年,当是正月,李靖率兵三千骑,径至恶阳岭,今之内蒙古和林格尔,以夜袭定襄。

颉利可汗的心腹康苏密,李靖派间谍设法捕之,从其口中得到了一些情报。康苏密还携隋皇后萧氏及隋炀帝的孙子杨正道而降。唐军受之,送至长安。

颉利可汗不料唐军骤涌,惊惧不堪,便率兵数万,弃牙帐而逃。定襄在今之内蒙古清水河向北一带的土城子,颉利可汗的牙帐置于斯。李靖率兵攻之,顿然大破。颉利可汗往碛口去,不过挣脱一时,难保一生,因为李靖是要追以歼之的。

遵李靖之命,苏定方领两百骑为前锋,赴碛口。到碛口只有一里路的时候,雾息而旌出,苏定方遂闯杀数十百。李靖率兵赶来,也多有所得。遗憾颉利可汗又挣脱而逃,遁至铁山,今之内蒙古白云鄂博一带。

颉利可汗仿佛困兽,无计可施,便不得不派重臣执失思力入朝谢罪,并提出整个国族归附于唐。太宗同意,便令李靖迎接。但颉利可汗却迟迟不行动,似乎仍在选择。于是太宗就遣鸿胪寺少卿唐俭和将军安修仁持节见颉利可汗,安抚并劝其迅速归附。

李靖分析了颉利可汗的精神状态,认为有唐俭和安修仁在其牙帐,他一定会放松警惕。李靖对张公瑾说:"诏使到彼,虏必自宽。遂选精兵一万,赍二十二日粮,引兵自白道袭之。"张认为唐俭正在慰谕,袭之不宜。李靖坚持自己的主张说:"此兵机也,时不可失。"他愿取韩信灭田横之策,遂疾驰而进。部队到了阴山,发现有突厥的侦探,竟有千百。唐军尽俘,随之而行。

颉利可汗欣然接待唐俭和安修仁一行,以交涉归附之事。唐军忽至,是绝对出乎他之所料的。李靖率兵逼近牙帐十五里之际,他才发觉,遂丢下唐俭和安修仁,纵马而去。他一走,其众便涣散不成军。李靖斩首万余级,获男女十余万,杀其妻——隋的义成公主。突厥遂灭。

颉利可汗骑千里马,跑向西突厥。他有从侄阿史那贺鲁为西突厥叶护,游牧多罗斯川一带,今之富蕴阿尔泰山南麓的额尔齐斯河源头。大约在唐高宗永徽年间,阿史那贺鲁自立为西突厥沙钵罗可汗。颉利可汗投奔阿史那贺鲁,以获安全。不虞三月,有大同道行军副总管张宝相率兵追之,到了阿史那贺鲁的辖区。生擒之后,送于京师,告于太庙。至四月,唐太宗驾临顺天门,有军吏押着颉利可汗向上进献,表示胜利。

至此,唐太宗便为天可汗,这是诸蕃所请的尊号。

突厥之为国族,归附于唐。初居河曲,又迁河北,以复恢其土,守唐之边境。唐命阿史那思摩领之,共计十万余人,可惜阿史那思摩不能镇抚其众。唐便置其于胜州和夏州之间,任其衰矣。

在中国历史上,只有突厥和西突厥。东突厥并不存在,是虚构的。

议曰:

突厥和唐是完全异质之国族。

彼此交战不可怕,可怕的是难以在制度上、习俗上和文化上的融合。

唐平突厥,先徙其于河曲,后再移其于河北,显示了融合的不成功。突厥虽然归附于唐,可惜这是外力的结果。

融合的困难,在于人种的不同,经历的不同,及其制度、习俗和文化的不同,遂有久战。

王玄策何以俘天竺

　　王玄策出使天竺,婆罗门之地,梵之域,究竟是三次还是四次,并不重要,重要的是他屡往天竺去,每至必弘唐之威德,并有效梳理着南亚次大陆方向的丝绸之路。

　　有一个故事传播甚广,凡治印度学的莫不熟悉,连法国汉学家西尔万·列维也专有研究,这就是王玄策从天竺返长安,执阿罗那顺其人献之于太极宫的阙下。

　　约于唐太宗贞观二十年,公元646年,王玄策任右卫率府长史,蒋师仁为副使,共三十人,受遣出使天竺。旦夕祸福,事不顺利。尚未入境,中天竺摩伽陀王尸罗逸多死,秩序顿乱。有大臣那伏帝阿罗那顺竟篡权为王,速然执政。中天竺发生政权更迭,并不奇怪,何处没有政权更迭呢?难以理解的是,阿罗那顺悍然发兵,强拒王玄策一行。冲突遂起,随从几十人不敌天竺兵,几乎尽殁,沿线诸国送唐之物也皆遭剽掠。

　　好在王玄策和蒋师仁都能保命而走,真是幸运。王玄策挺身骏奔,至吐蕃,得到吐蕃王弃宗弄赞之助,获兵一千二百人,又得到泥婆罗王那陵提婆的支持,获兵七千人。吐蕃和泥婆罗赠兵支援王玄策,显然因为唐帝国的强大。在他们看起来,王玄策是唐的使者,代表着唐天子,非等闲之辈。

　　获兵以后,王玄策受到鼓舞,遂调头突袭中天竺重要城市茶镈和罗城。冲锋与防御,激战三日,王玄策终于破之,斩首级三千。有万人仓皇逃命,溺水而亡。

阿罗那顺弃国而去,欲寻机整合部队,再布兵反击。蒋师仁跟踪追迹,活捉阿罗那顺,并俘斩千人。有一条阿罗那顺之妻视之为天堑的乾陀卫江,汹涌澎湃,借水阻止。蒋师仁奋勇而攻,其残余不得不溃。蒋师仁活捉阿罗那顺之妻之子,又虏其男女一万两千人,又收其杂畜三万头,降其邑五百八十座,是谓辉煌的胜利。

王玄策的壮举让天竺震惧!东天竺王尸鸠摩积极慰问,送牛马三万头,以馈王玄策所领之联军,又送了弓、刀和宝璎珞。天竺之属国伽没路,也赶紧献方物,献地图,还请老子像以示敬。

唐太宗贞观二十二年,公元648年,王玄策拘阿罗那顺,翻山越岭凯旋京师。唐太宗感慨曰:"夫人耳目玩声色,口鼻耽臭味,此败德之原也。婆罗门不劫吾使者,宁至俘虏邪?"王玄策有功,擢朝散大夫。

天竺尝经内乱,分中天竺、东天竺、南天竺、西天竺和北天竺。中天竺富裕,通大秦。尸罗逸多掌中天竺,练兵兴师,志在统一。经六年之战,诸天竺咸服之于中天竺。

尸罗逸多结束了天竺的裂土状态。他也颇为开明,玄奘学佛至天竺,尸罗逸多还召而见之。以闻秦王破阵乐,便向玄奘了解唐太宗,并恳切致礼。

到唐太宗贞观十五年,公元641年,尸罗逸多派使者至长安,以发展摩伽陀与唐的关系。唐太宗知道这一点,很高兴,遂命云骑尉梁怀璥持节慰抚。至唐太宗贞观十七年,公元643年,尸罗逸多又派使者到长安来,足见对唐的重视。有来有往为大道,于是唐太宗就计划遣使者赴天竺。

唐太宗贞观十七年,公元643年,王玄策第一次出使天竺。唐太宗命朝散大夫卫尉寺丞上护军李义表至天竺,王玄策任副使。实际上是送尸罗逸多的使者归去,也是对摩伽陀的答谢。

　　唐使者抵摩伽陀,便有大臣远路郊迎。人皆为奇,也纷纭纵观。唐使者所经之处,焚香点点,气氛隆重。摩伽陀王尸罗逸多率群臣面东肃立,接收了唐太宗之诏,遂献火珠、郁金香和菩提树。唐使者就在摩伽陀巡省佛迹,或行或止,常常感慨。

　　唐太宗贞观十九年,公元 645 年,唐使者进王舍城,登耆阇崛山,也就是鹫头山或灵鹫山,释迦牟尼修行之道场。有一次,释迦牟尼准备沐浴于池,便脱了袍子,不料有鹫掠空而来,衔袈裟而飞,俄顷又堕袈裟于地,化之为石,是谓袈裟石。唐使者不禁喟然,遂选耆阇崛山一崖作铭曰:"驰大唐之淳化,齐天地之久长。"唐使者还在摩诃菩提寺立碑曰:"大唐牢笼六合,道冠百王。"

　　唐使者出使天竺,往来都过泥婆罗,其王那陵提婆十分喜悦,并带唐使者一见著名的阿耆婆沴池。几年以后,王玄策向泥婆罗请兵打阿罗那顺,此当为基础。

　　唐高宗显庆二年,公元 657 年,王玄策第三次出使天竺。王玄策任右卫率府长史,遵上之示往西国去送袈裟。所谓西国,指佛教发源及初传诸国。

　　王玄策的团队过泥婆罗,遇一水火池,也许就是温泉吧,遂支起锅,煮饭而食。唐高宗显庆四年,公元 659 年,至婆栗阇,看了一场杂技,有五女耍刀、走绳,颇为精彩。唐高宗显庆五年,公元 660 年,至摩诃菩提寺,有主持戒龙为王玄策设大会,并赠华毡和食器。惜别之际,为王玄策钱行,又同行五里,彼此泣涕分手。唐高宗龙朔元年,公元 661 年,至罽宾,再至吠舍厘,春日返长安。

　　王玄策从唐高宗之命,带法师玄照由天竺还唐,并请释迦牟尼顶骨一片,供养于宫城。世事变幻,不知道此顶骨之所终。

　　王玄策第四次出使天竺不可考。我能判断的是,为拓广丝绸之路,他三次出使天竺,足以永垂青史了。

议曰:

　　天竺政权更迭,竟祸从天降,落到了王玄策一行身上。好在他命大不死,迅然逃生。不过王玄策没有抱头返乡,是因为壮士以辱其使命为羞。

　　他往吐蕃和泥婆罗去借兵,以反击天竺。吐蕃和泥婆罗颇为慷慨,各赠重兵给他。借兵之成功,原因有三:一是王玄策的魅力,二是唐帝国威德广被四海,三是天竺与吐蕃和泥婆罗各存矛盾。总之,王玄策借兵打败了天竺,这真是神奇。

　　实际上天竺和唐帝国不当有此冲突,然而天竺把战争强加在王玄策一行身上,也无可奈何。丝绸之路向天竺一带发展,久为传统。这不仅是贸易的需要,也是文化,包括佛教传播的需要。

玉门关孤独的墙(甘肃敦煌)

王晙智胜吐蕃之没记

　　我想把王晙放在唐与吐蕃交战两百余年的历史背景之中表现其用兵之奇。

　　当唐在东方出现的时候,吐蕃迅速在今之青藏高原一带崛起。即使不是劲敌,吐蕃也属于一个几乎始终消耗唐的巨大的麻烦。

　　吐蕃为国族,其生成颇具复杂性。或曰是猕猴与岩魔女所育,或曰是发羌的子孙,或曰是鲜卑南凉秃髪利鹿孤之后,他的儿子樊尼率众济黄河,逾积石,当了移民。

　　吐蕃之为国族,其性格也颇具原始性。组织严密,团体坚固,又酷刑而协力,剽悍,残暴,尚武,不怕死。

　　吐蕃实际上由松赞干布,也就是弃宗弄赞所缔造。不过他的父亲囊日论赞已经在整合吐蕃了,只是半途而殁,没有成功。公元629年,松赞干布嗣其王位,这时候正是唐太宗贞观三年,有唐一代蓬勃发展之际。松赞干布胸怀大志,唐太宗也君临天下而欲平之。

　　松赞干布有大臣禄东赞,也就是噶尔东赞,是一个明毅严重之人。吐蕃先与泥婆罗和亲,后与唐和亲,都有禄东赞的智谋。在禄东赞父子帮助下,松赞干布不仅稳定了内政,而且拓展外壤,所谓苏毗、羊同、党项和嘉良夷,皆为吐蕃所掌。松赞干布逝世,赞普小,遂由禄东赞辅弼。实际上禄东赞成为主导,任国相,也就是大论。其人放肆扩张,吞并了白兰、白狗、春桑、附国诸羌,尽占党项所遗之土。尤其是在唐高宗咸亨元年，公元 670 年，吐蕃彻底吞并了吐谷浑，由辖区千里到辖区万余里，自汉以来，西域诸国之盛，未之有也。

一旦吐蕃临唐，便会寇边，侵犯。吐蕃的野心是破陇石，断河西，取得北庭和安西，以控制丝绸之路的贸易。

突厥、吐蕃、回鹘和大食，是唐之四害，尤以吐蕃为劲。除了吐蕃的文化元素以外，它的地理位置也特殊：攻唐居高临下，但唐攻吐蕃却要攀升，由于易寒、缺氧，遂颇费体能，辎重也难以运输。总之，唐对吐蕃几乎不能深入作战。

吐蕃有一贯的战略，往往是先寇边，以蚕食唐的军镇，就是兵营、据点或要塞，再长驱直入，破陇右，断河西，甚至扰攘关中，以得长安。唐对吐蕃的战术机智而诡诈，但其战略却显得随意和零乱。战不全胜，和不久日，或战或和，也有分歧，遂时战时和，一直为吐蕃所牵制。吐蕃总是战之后请和，请和之后又战，反反复复。上都才见玉帛，近郊便现烽火。八次会盟，一再划界。申甥舅之情，或宰牲祭神，或指天起誓，皆为荒诞。问题是，这所有的一切，吐蕃主动，唐被动。

吐蕃据有丝绸之路这一沿线的野心，在安史之乱以后几十年终于实现。凡陇右、河西、北庭和安西，尽为吐蕃所占。数闯关中，一入长安。谁给其威，何等猖狂！

然而，凡以武力所聚，总会以文化之弱和制度之恶，要把自己拖至争权夺利的暗道，忽然分裂并瓦解。吐蕃不就是这样吗？

唐武宗会昌二年，公元 842 年，赞普朗达玛以灭佛惹祸，一个佛教徒拉隆·贝吉多杰杀了他。朗达玛之妻拥立其兄的儿子乞离胡为赞普，但朗达玛的大臣却拥立他的另一妻所生的儿子俄松为赞普，分裂顿起。随之是部族脱离，军官称雄，奴隶起义。至唐僖宗乾符四年，公元 877 年，几位奴隶起义首领挖了吐蕃赞普的陵墓，瓜分葬物。以此为标志，吐蕃由分裂而衰落，乃至崩溃。

由松赞干布至朗达玛,吐蕃共二百一十三年。

趁吐蕃涣散之机,在河西的吐蕃人遭到唐人驱逐。张议潮是沙洲人,今之甘肃敦煌之富贵,其率众于唐宣宗大中二年,公元848年,收复了沙洲和瓜州,到唐懿宗咸通二年,公元861年,又收复了凉州。至此,河西完全归唐。

不过黄昏也已经降临唐长安城的天街,因为仅仅四十六年以后,唐就亡了。

考察唐与吐蕃之交战,二百余年,几乎随同了唐与吐蕃的兴灭。唐的表现,在不同阶段具不同的状态,这既涉及唐不同的皇帝,又涉及吐蕃不同的政策。唐太宗嫁文成公主,唐与吐蕃之关系便有稳定,但唐中宗嫁了金城公主却未保证安宁。吐蕃大举攻唐,发生在唐高宗时,其不得不一罢安西四镇,二罢安西四镇,总体胜负相当,处于守势。女皇帝武则天时,唐对吐蕃连连反击。反击之势甚强,尽管也尝失安西四镇,然而终于收复安西四镇:龟兹、碎叶、于阗和疏勒,且又置安西都护府于龟兹。不过吐蕃野心犹存,其只是在缓气而已。唐玄宗时,唐与吐蕃的争斗主要在陇右、河西和西域,反击之势更猛。经过多次奋歼,唐收复了河湟九曲,从而处于陇右和河西交战的上风。在西域一破小勃律,再灭竭师国,三平大勃律和播仙,于是为吐蕃所治的西域诸国就统统反之,悉从唐命矣! 到这里,吐蕃受挫处劣,唐上至顶峰。

王晙就是唐玄宗时的一位将军。

唐有几十位将军率兵打吐蕃,贯穿了彼此交战的始终。我有强烈的兴趣录其姓名,略示我的敬意。当然,拘于知识,我也难免遗珠。他们是:侯君集、执失思力、牛进达、刘兰、薛仁贵、阿史那道真、郭待封、李敬贤、刘审礼、黑齿常之、韦待价、阎温古、岑长倩、王孝杰、娄师德、唐休璟、陈大慈、李知古、薛讷、王晙、王海宾、郭知运、王君㚟、张孝嵩、萧嵩、张守珪、张忠亮、王祎、黄甫惟明、崔希逸、萧炅、杜希望、王昱、张宥、章仇兼琼、盖嘉运、高仙芝、王忠嗣、歌舒翰、郭子仪、殷仲卿、杨志烈、马璘、崔宁、李晟、王有道、韩全义、韦皋、郝玭、田缙、史敬奉、李文悦、李祐、李听、李进诚。唐将军有捷报，也有败绩，捷报会多一些，因为吐蕃所占据之土，毕竟有所收复。

唐玄宗时，将军征伐最多，至少有二十一位，战果也最辉煌。王晙就是唐玄宗执政之初的一位将军，颇为杰出。

唐玄宗开元二年，公元 714 年，吐蕃有精锐之兵十万寇临洮军。所谓临洮军，就是驻扎在今之甘肃临洮一带的守疆部队。吐蕃之兵由大将坌达延、乞力徐指挥，其寇临洮军以后，又进寇兰州和渭州，并犯渭源县。到处冲杀，随之掠牧者及其羊马而去。

是可忍也，孰不可忍也！唐玄宗诏太仆少卿、陇右群牧使王晙和陇右防御使薛讷率兵反击。为展示唐帝国的必胜意志，唐玄宗还下令招募将士，准备亲征。李隆基新任皇帝，不足三十岁，英气勃勃，威风凛凛，急欲以明君和强君之形象呈现于天下。

王晙是沧州景城人，在今之河北沧州一带，之后迁洛阳而居。二十岁左右参加科举考试，以明经擢第，进入唐政府工作。他是一个文化官员，历任清苑县尉，殿中侍御史，加朝散大夫，渭南令，桂州都督，鸿胪寺少卿，朔方军副大总管，兼安北大都护，太仆寺少卿，陇右群牧使。其累迁户部尚书，复任朔方军节度使。逝世以后，赠尚书左丞相，谥曰忠烈。

此人曾经为朔方军副将军韩思忠辩护，使其免罪，显示了他的正直。在桂州主持工作，修堤治水，屯田数千顷，从而改变了过去运粮至此以为军用的格局，百姓尤其获利。治区政通闾宁，乡民立碑颂之。

王晙身材魁梧，有熊虎之状，慕义激励，具先贤之风。

薛讷是薛仁贵之子，素有军事见识，寡言沉勇，往往临危而益壮。

接到指示，王晙率兵二千，日夜兼程，骏奔临洮，以助临洮军。大来谷在今之甘肃临洮武街以南,时逝境变了,然而在公元714年,这里有雄强的吐蕃部队集结。王晙知道不可蛮打,遂选壮士七百,都换上了吐蕃衣服,意在夜袭。壮士前后各半,分开行动,前后拉开五里路的距离。按约定,前边的唐军遇到吐蕃要疾喊,后边的唐军当击鼓呼应之。唐军穿着吐蕃的衣服,又有昏天黑地掩护,吐蕃大惧,又难以判断,以为遭到伏击,遂自己杀自己,死者近万。

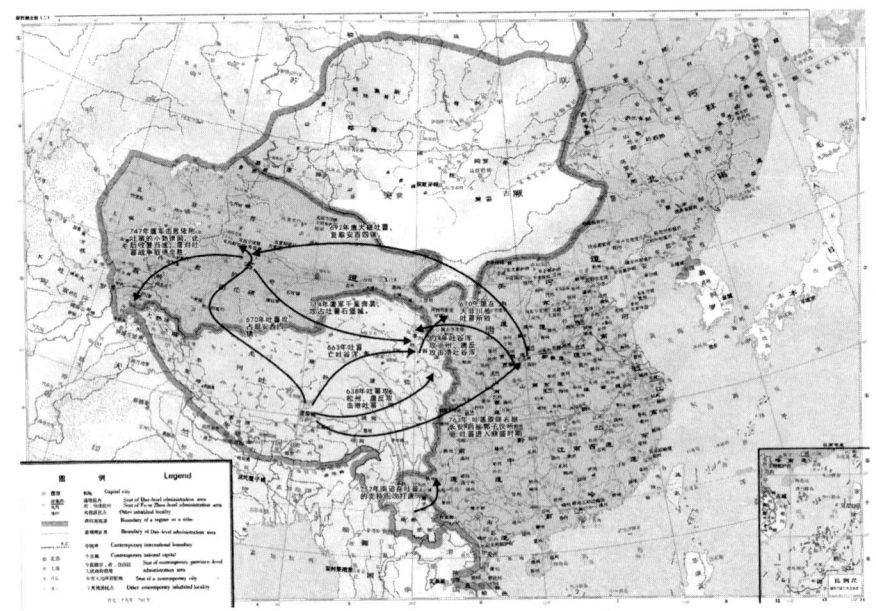

吐蕃与唐交战图

薛讷率兵至渭源县,在武阶驿讨之。武阶驿与大来谷是两个战场,遂构成掎角之势,牵制了吐蕃。在王晙与薛讷之间,吐蕃连绵数十里,战斗激烈至极。为防薛讷陷阵不利,王晙调兵驰援。一旦王晙与薛讷联合对付吐蕃,其顷呈糟烂。

吐蕃余部跑向洮水,不料在长城堡遭到唐军阻击。有丰安军使王海宾为先锋,竟为吐蕃所亡。王晙率兵攻过来,遂大破吐蕃,歼之达万,又活捉吐蕃大将六指乡弥洪,获其器械,尽收其所掠羊马。吐蕃还有继续向洮水而逃的,可惜终未逃脱,死者或卧或躺,纵横相枕,洮水为之不流。

捷报传到长安,唐玄宗大悦,就罢了亲征。上以有功,授王晙银青光禄大夫,封清源县男,兼原州都督,并拜其子为朝散大夫。薛讷也有功,上也奖了他。

唐与吐蕃干戈频动两百余年,我有感于王晙以智而胜,遂采之晒之。

议曰:

　　对佛教的信仰,应该是吐蕃和唐亲近并互相睦谊的基础。然而对利益的追求压倒了对释迦牟尼的敬奉,所以才呈难分难解的互斗与相争。

　　生存是绝对的!

高仙芝惨败大食原因略究

怛罗斯,或曰塔拉斯一带,或曰江布尔城一带,在葱岭以西,属于中亚,今之哈萨克斯坦辖区。

唐玄宗天宝十年,公元751年,唐军由安西节度使、开府仪同三司高仙芝指挥,大食由艾布·穆斯林指挥,彼此大战于怛罗斯。实际上这时候的大食应该是黑衣大食,已经取代了白衣大食。白衣大食为阿拉伯帝国倭马亚王朝,黑衣大食为阿拉伯帝国阿拔斯王朝。艾布·穆斯林任呼罗珊总督,具军事才能。

结果是,唐军惨败。唐军至少有兵三万,其中大约二万为汉人,大约一万由葛逻禄人和拔汗那人组成。唐军与大食在怛罗斯相持五日,终于崩溃。三万士卒几乎全部被杀被俘,所余数千,狼狈而回。大将军高仙芝、副将军李嗣业得以保命,并获上之提拔。

怛罗斯惨败以后,虽然唐军在安西都护府恢复了武装力量的存在,不过从此以后,它在西域鲜有硬仗和胜仗,更无由于妨碍丝绸之路的贸易,再平葱岭以西的国族。安史之乱发生,为保江山,唐军能撤的都撤了,西域几近空虚。尽管以大食内乱,尚未尽揽葱岭以西之地,然而丝绸之路的贸易要经此运作,它对这一沿线的控制是必然的。

高仙芝的惨败并不偶然。

高仙芝领的是骄兵,遂会轻敌。数年以来,高屡建奇功。吐蕃嫁了公主给小勃律王,小勃律王便归附了吐蕃。它产生的连锁反应是,

高仙芝惨败大食原因略究

诸国纷纷向小勃律学习,也为吐蕃臣。唐怎么可以允许失去在葱岭一带的主导呢?打!遗憾唐军数打吐蕃而不成。唐玄宗天宝六年,公元747年,上特敕高仙芝为行营节度使,率兵万余,一举平了小勃律,诸国遂服。唐玄宗满意,授高仙芝鸿胪卿、安西四镇节度使,摄御使中丞。班师入朝,又加特进,兼左金吾大将军。唐玄宗天宝九年,公元750年,高再率兵破揭师,更立其王,以使其亲唐。到了这一年的冬天,高还率兵破了石国。唐玄宗天宝十年,公元751年,高仙芝献突骑施可汗、吐蕃酋长及公主、揭师王和石国王,是何等辉煌。上遂加高仙芝开府仪同三司,寻以高为河西节度使。起码有三捷,非常难得,高仙芝也会意气扬扬以至忘乎所以吧!不过大食,就是阿拉伯帝国,在公元632年建立以来,大约有百年,对唐还是敬重的。凡唐高宗、周武则天、唐睿宗、唐玄宗开元年间,多有使者入朝。石国臣大食,唐灭石国,大食反击唐,显然是会谨慎的,要作充分准备的。

高仙芝对石国的政策甚为伪诈,无信,失道。石国夹在唐与吐蕃之间,左摇右摆。对唐尝有朝贡,长安城的柘枝舞和胡腾舞也是石国的艺术,然而其心离意远,终于为吐蕃臣,助其掌丝绸之路的贸易,损害了唐的利益。高仙芝与石国约和,也许石国会采取严肃的态度,并考虑唐的关切,然而此次约和完全是计。在石国应高仙芝之邀,决定会晤之际,高乘其松懈,率兵平了石国,虏其王,俘其众,尽杀其老者和弱者,取其宝,扬长而去。不料石国王子得逃,其向西域诸国,主要是向大食倾诉高仙芝的欺诱、残暴和贪婪。诸国皆怒,大食为石国之主,更是气愤,遂迅速结盟,打算攻安西四镇。高仙芝获悉此消息,以为先下手可以为强,便兴师打大食,彼此便遭遇于怛罗斯城。不过大食会觉得它是正义的,所以多助,甚至天助地助,但高仙芝却真是寡助,而且还有所背。

高仙芝是高丽人,姿容颇美,骑射更擅,其性也勇敢果断,可惜文化肤浅，精神空间窄小。在他看起来，似乎打仗主要就是为了军功。平石国以后，他竟掠其宝石、黄金、名马、珍奇，据为私藏，毫无唐帝国的荣誉感和天可汗的历史感。大食迎击高仙芝，显然是反对以大骗小。伊斯兰的信仰，也会振奋大食民众精神的。

  高仙芝调遣的部队由汉人、葛逻禄人和拔汗那人组成，有乌合之感。葛逻禄没有原则，谁强就归附谁。其先属突厥汗国，后属薛延陀汗国，现在为唐所使。它能先叛突厥，后叛薛延陀，现在也能叛唐。果然，高仙芝与大食交锋于怛罗斯，它竟暗中勾结大食，并助大食攻唐军。这也是高仙芝惨败的一个重要原因。拔汗那放马锡尔河中游之谷地，随高仙芝打大食，然而副将军李嗣业似乎不把拔汗那当作自己人，因为惨败以后，要退守白石岭，以拔汗那有辎重之车挡住了高仙芝和李嗣业的路，李恐大食追来，便令士卒拿大棒殴之，数百拔汗那人倒毙。唐军这样的结构，能实心实意打仗吗？但大食却显得统一，尤其大食刚刚经过改革，甚为精锐。

  从安西出发攻大食，要逾葱岭，深入七百余里，属于袭远。公元前627年，秦穆公命秦军偷击郑国，上大夫蹇叔谏之曰："劳师以袭远，非所闻也。师劳力竭，远主备之，无乃不可乎？师之所为，郑必知之。勤而无所，必有悖心。且行千里，其谁不知。"秦穆公不听，遂遭晋军伏击，彻底覆灭。高仙芝打大食，也是劳师以袭远。他不懂先贤的教诲，所以会有可悲之结果。

  在地理上，大食熟悉怛罗斯，但唐对怛罗斯却是陌生的。显然，军事环境对高仙芝也极为不利。哀哉！哀哉！

  怛罗斯之惨败，是唐的创伤，也是中国人的一个隐痛！

  议曰：

    高仙芝惨败的影响是深远的。

    中国和阿拉伯相距遥远，几乎没有机会扳回一局。和平当然是极为可贵的,不过惨败遂成了永远的记录。

　　造纸术本是中国的知识产权,此专利也是重要的经济来源,因为纸早就出口了。从公元2世纪到公元8世纪的几百年间,造纸术一直都是秘密。遗憾大食所捕的唐人,有懂造纸术的,从而外传。撒马尔罕和巴格达很快就有了造纸业,阿拉伯整个世界很快也有了造纸业。12世纪,欧洲人从阿拉伯人处学得了造纸术。不久,它便替代了羊皮纸。

　　也许还有别的绝技外传吧!

丝绸之路上的唐都护府

都护府或大都护府,是唐的一种权力机构,其特点是行政与军事功能的兼容。

形 势

唐在西域有四大患:突厥、吐蕃、回鹘、大食。它们或有亡唐之心,以控制丝绸之路,或虽乏灭唐之力,然而具掌握东西贸易之思。无不犯唐,又为唐所用。彼此相争,又勾结抗唐。唐帝国兴师攻之,又嫁公主以和亲。

突厥游牧于阿尔泰山一带,唐高祖起兵之际,曾得到突厥阿史那氏的支援,这也就唤醒了突厥的贪欲。一再寇边,反复掠劫,有时候骑兵竟驰至高陵和泾

葱岭——帕米尔高原一角

阳。唐高祖武德九年,公元626年,突厥颉利可汗率军突袭武功,长安遂现紧张。

唐太宗即位,纵马出玄武门,至渭,斥责颉利可汗负约,其遂示安。然而不诚,唐军便攻打突厥。唐太宗贞观四年,公元630年,俘颉利可汗,缚其至长安。罪当斩,但唐太宗却免其死。可惜他不宜长安的生活,几年之后,忧郁而殁,葬灞河以东。

突厥以此降的降,逃的逃。阿史那思摩本为颉利部的人,唐太宗命其领颉利的残余,居于河曲。阿史那思摩十分感动,流泪对唐太宗说:"破亡之余,陛下使存骨旧乡,愿子孙世世事唐,以报厚德。"

阿史那社尔战薛延陀不胜,率众投奔于唐。唐太宗十年,公元637年,被封为左骁卫大将军。其尚唐高祖之女衡阳公主,唐太宗便嫁之。阿史那社尔遂为驸马,此婚姻也几近和亲。

吐蕃久在青藏高原游牧。弃宗弄赞,就是所谓的松赞干布,他执政之时,西域诸国皆以为臣,不过敬唐。唐太宗贞观八年,公元634年,他派使者来朝,以慕公主,便又派使者求婚,唐太宗不许。弃宗弄赞恼羞成怒,竟发兵寇松州,今之四川松潘。唐军反击,一败而去。弃宗弄赞遂改变策略,派使者认错,并大献黄金,坚持求婚,唐太宗便嫁文成公主。一旦和亲,关系加速密切,遂有王玄策请兵之事。

回鹘初为回纥,游牧漠北。曾经为突厥臣,叛之为回纥。唐太宗贞观三年,公元629年,回纥来朝,献以方物。一年以后,又来朝,唐太宗请其饮,遂表示永为唐臣。唐德宗贞元四年,公元788年,得意之中,请改回纥为回鹘。也许其先是匈奴,难考矣。

大食就是阿拉伯,以穆罕默德兴起伊斯兰教而立国。自公元632年以后,渐向中亚发展,康国和石国为臣。唐高宗永徽二年,公元651年,大食派使者来朝,在唐玄宗开元初,也派使者献马和钿带。然而大食垂涎中国,因为不久,大食便会犯唐。

打下来的都护府

唐在丝绸之路上置有两个都护府:安西都护府和北庭都护府,有时候也升为安西大都护府和北庭大都护府。其任务是捍卫丝绸之路的贸易秩序,镇抚西域诸国,以防侵唐。

显然,陇右道不安全,关中就不安全,关中不安全,长安就不安全。

建立都护府容易吗?不!它是打下来的。

西域有高昌,王都在交河城,其一度尝为车师前王庭。唐高祖武德七年,公元624年,高昌王曲文泰向唐献雌雄狗一对,玲珑可爱,此为礼。唐太宗即位,曲文泰又献狐裘,此也为礼。唐太宗贞观九年,公元630年,曲文泰至长安,会晤了唐太宗,就是所谓的来朝。

高昌处于丝绸之路上的要冲,天山南路之北道,今之吐鲁番以东的木头沟河三角洲,以其地位之利,曲文泰便比较狂傲。有一次,唐太宗遣使者见曲文泰,其竟说:"鹰飞于天,雉窜于蒿,猫游于堂,鼠安于穴,各得其所,岂不活耶!"高昌经常遏绝商贾,西域诸国使者来朝,也往往予以拘留。发现伊吾要内属唐,曲文泰便欲打击。

曲文泰对唐的态度忽顺忽逆,使唐太宗不悦,遂致书曲文泰,希望高昌大臣冠军将军阿史那矩来朝议事,但曲文泰却派了一个长史曲雍,显然是轻慢。唐太宗贞观十三年,公元639年,上接见高昌使者,指出万国来朝,曲文泰不至,暗示要伐之。不过唐太宗还是希望他能醒悟,遂又致书,征曲文泰来朝,遗憾他竟称疾不至。

唐太宗贞观十四年,公元640年,上命吏部尚书侯君集率唐军讨高昌,阿史那社尔也率兵作战。曲文泰十分惶恐,又计无所出,发病而死。其子智盛即位,致书侯君集,以求赦免。侯告之:"若能悔祸,宜束手军门。"智盛迟疑,侯君集便指挥吏士抛石攻城。无可奈何,智盛不得不降。

平高昌以后,唐便在高昌设西州,又在西突厥浮图城设庭州,以施唐政。数月之后,在交河城置安西都护府。安西都护府主要针对吐蕃,也防西突厥,辖天山南线。葱岭以西,阿姆河流域之地,当都在它的管理范围。

安西都护府的第一任都护是乔师望。唐高祖之女庐陵公主,灿然嫁乔,足以证明都护之重要。不过乔有何功,难考矣!第二任都护是郭孝恪,许州人,农民起义出身。在都护任上,他推诚抚御,尽感欢喜。焉耆有叛,郭率兵征之。龟兹臣西突厥,又蠢蠢叛唐,唐太宗遂以阿史那社尔为昆丘道行军大总管进攻龟兹,郭孝恪也率兵战之。唐军涌然而来,龟兹王率贵官尽逃。阿史那社尔追击,郭守其城。不料龟兹相那利带兵回头入城,郭孝恪父子皆亡。

然而唐军终于平之,并迁安西都护府于龟兹的王都,今之新疆库车。为有效管理西域,又置四镇:龟兹、焉耆、于阗和疏勒。事在唐太宗贞观二十二年,公元648年。两年以后,唐太宗崩。

权力交接之日,往往是国家多事之时。唐高宗永徽元年,公元650年,李治登基未定,突厥便在金山一带作乱,目标是占领庭州。这一年,松赞干布也逝世了,吐蕃遂转向寇唐。情况不妙,唐高宗遂罢了安西四镇,又迁安西都护府于西州。

唐高宗永徽二年,公元651年,瑶池都督阿史那贺鲁叛唐,自立突厥可汗,直扑庭州。贺鲁曾经为西突厥叶护,以部族相斗投奔于唐。唐以贺鲁讨伐龟兹有功,从而得封。不料其叛唐,真是胡心难知也。唐军反击,战斗激烈。唐高祖显庆元年,公元656年,龟兹大将羯猎颠居然也加入贺鲁之列,这使西域的情况变得极其严峻。唐高宗显庆二年,公元657年,上遣右屯卫将军苏定方率兵径捣贺鲁之老巢,沉重击之。贺鲁逃石国,然而毕竟逮捕了他,执之至长安,以献上。唐高宗显庆三年,公元658年,又迁安西都护府于龟兹,并恢复安西四镇。唐还乘机加强丝绸之路的建设,史记:"由此修亭障,列蹀隧,定强畛,问疾收勾,唐之州县极西海矣。"

然而好景不长,吐蕃犯唐,企图做西域之主。唐高宗龙朔二年,公元662年,吐蕃开始将矛头指向唐。以吐蕃进攻吐谷浑,唐军阻之,从而发生了唐和吐蕃的战争。吐蕃终于亡吐谷浑,青藏高原几乎尽为其势力范围。唐高宗麟德二年,公元665年,吐蕃及疏勒、弓月,联合起来进攻于阗,又进攻西州。唐德宗咸亨元年,公元670年,吐蕃陷龟兹拨换城,今之新疆温宿,唐又不得不罢了安西四镇。

尽管有唐大将军薛仁贵英勇反击,然而吐蕃仍占领了鄯州、廓州、河州和芳州。阿史那都支曾经是西突厥一部酋长,卒为唐高宗所用,任匐延都督,他也突然叛唐,随吐蕃共寇安西都护府。唐高宗考虑再三,谴吏部侍郎裴行俭解决问题。唐高宗调露元年,公元679年,裴智擒都支,平西突厥之乱,又置新的安西四镇:龟兹、碎叶、于阗和疏勒。以碎叶代替了焉耆,是安西四镇的一个调整。有检校安西都护王方翼随裴行俭作战,并负责营造碎叶城。其为碎叶城装三门,迂回环绕,以诡出入。

吐蕃对西域志在必得,遂在唐武则天垂拱二年,公元686年,大兵进攻,安西四镇喟然再失。武则天深以为愤,遂任韦待价为安息道行军大总管,率兵奋战吐蕃,并遣安西大都护阎温古予以配合。遗憾唐军不胜,于是武则天就流放韦待价,杀阎温古。

武则天此间虽然忙于改朝换代,不过她也没有停止反击吐蕃。唐武则天永昌元年,公元689年,薛怀义任新平道中军大总管,以击吐蕃。武则天顺利革命,以周代唐,当了女皇帝。周武则天天授二年,公元691年,岑长倩任武威道行军大总管,以击吐蕃。厮杀极烈,可惜安西四镇仍未夺回。

　　现在，女皇帝的目光落在了王孝杰身上。王是京兆新丰人，以军功而进。唐高宗执政，有一年他讨吐蕃，竟遭逮捕，赞普见之，觉得他的相貌像其父，不忍斩，放了王孝杰。至武则天执政，任他为右鹰扬卫将军，因为其久游吐蕃之地，了解吐蕃虚实。唐军击吐蕃数年不胜，遂在周武则天长寿元年，公元692年，任王孝杰为武威道总管，并命阿史那忠节辅佐，遂一举收复了安西四镇。女皇帝高兴，说："贞观中，西境在四镇，其后不善守，弃之吐蕃。今故土尽复，孝杰功也。"乃迁左卫大将军。几年以后，战吐蕃不利，女皇帝又免了王孝杰。

　　经审查过去的防御力量，女皇帝给安西四镇增加了兵力，以巩固丝绸之路上的都护府。然而唐军显然并未完全征服突厥和吐蕃，两国族一直在侵唐。我约略计之：延载元年，公元694年，武威道大总管王孝杰率兵在冷泉伐吐蕃，又有突厥默啜可汗寇灵州；天册万岁元年，公元695年，朔方行军总管王孝杰击突厥，又有吐蕃寇临洮；万岁通天元年，公元696年，王孝杰率兵在素罗山战吐蕃，不胜，又有契丹陷营州，并寇冀州；神功元年，公元697年，王孝杰在东硖石谷击契丹不成，全军覆灭，坠崖而死，又有突厥默啜可汗寇胜州；圣历元年，公元698年，突厥寇蔚州，又寇定州，又寇赵州，又寇相州，唐军遂在圣历二年，公元699年，大举动员，以备突厥；久视元年，公元700年，突厥寇凉州，又寇陇右；长安元年，公元701年，突厥汹汹，遂以魏元忠为灵武道行军大总管，以阻突厥。长安二年，公元702年，突厥寇并州，又寇盐州，又寇代州，又寇忻州，大肆犯唐。吐蕃请和以后，俄顷又寇悉州。

　　女皇帝为应对西域的危机，遂又在庭州置北庭都护府，府治在今之新疆吉木萨尔破城子。实际上庭州尝有唐高宗所设的金山都护府，自此以北庭都护府代之。其初仍隶属安西都护府，几年以后，独立出来。北庭都护府主要针对西突厥，也防吐蕃，辖天山北线。阿尔泰山、巴尔喀什湖以西之地，当都在它的管理范围。

唐中宗和唐睿宗都是过渡皇帝，忙于对朝廷内乱的拨乱反正。唐在西域的权力机构，仍保持了女皇帝的安排，按既定方针行事。

突厥频频犯唐，威胁甚重。唐中宗神龙元年，公元705年，以左骁卫大将军裴思谅为灵武道行军大总管，以备突厥。神龙二年，公元706年，灵武军大总管沙吒忠义战突厥于鸣沙一带，不胜。突厥侵唐，天下土木之工暂停。唐中宗景龙元年，公元707年，又以右屯卫大将军张仁亶，就是张仁愿，为朔方道行军大总管，以备突厥。景龙二年，公元708年，西突厥犯唐，其入火烧城。安西都护府牛师奖率兵击之，殁于沙场。

郭元振在唐中宗神龙元年至景龙二年任左骁卫将军、安西大都护。此人胆正谋深，须髯甚美，曾经遵武则天之示，赴吐蕃侦察。吐蕃与突厥勾结寇凉州，以郭元振为凉州都督，遂顺利败虏。郭屯田凉州，河西尽赞。在大都护任上，有西突厥乌质勒部示和，郭元振便至其牙帐协商。逢天下大雪，以乌质勒老弱，不耐寒冷，会毕而亡。乌质勒之子娑葛认为此乃郭元振所害，计划击郭。郭得信息，不但不避，反而仍素服吊唁乌质勒。娑葛感动，顿然收兵，又赠牛马羊驼谢郭。娑葛以故骤陷安西四镇，旋又降唐。

不过突厥仍存野心，唐睿宗景云元年，公元710年，有唐休璟为朔方道行军大总管，以防突厥之掠。至唐玄宗先天元年，公元712年，又以刑部尚书郭元振为朔方道行军大总管，以伐突厥。

在这几年，唐对吐蕃的政策具怀柔之元素，也占优势。唐中宗景龙元年，公元707年，吐蕃寇边，唐军予以反击。景龙四年，公元710年，唐中宗嫁金城公主于赞普赤德祖赞，这是唐太宗对吐蕃采取和亲之计的沿袭。唐中宗率群臣在渭河北岸给姑娘饯行，不禁伤感。姑娘13岁，还未成年。此年还割让河湟九曲给吐蕃。皇帝有权这样行事，然而是功是罪,人民也有权评价。

唐玄宗的都护府之道

唐玄宗在制度上加强了对西域的统领,政策也甚为硬性。节度使之职起用于唐睿宗,正式任职由贺拔延嗣为凉州都督充河西节度使开始。唐玄宗对此发扬光大,设十个节度使,它们是:碛西节度使、北庭节度使、河右节度使、陇右节度使、朔方节度使、河东节度使、范阳节度使、平卢节度使、剑南节度使和岭南节度使。这有利于安全,然而藩镇也养乱臣国贼,安禄山便是,而且唐竟以藩镇而衰。

我要指出的是:碛西节度使有时候呼为安西节度使,有时候也呼为四镇节度使,多驻龟兹。还有,岭南节度使初为岭南五府经略讨击使。

唐玄宗对西突厥绝不姑息。

唐玄宗开元二年,公元714年,西突厥默啜可汗之子同俄特勒率兵围攻北庭府治,颇为嚣张。郭虔瓘为右骁卫将军兼北庭都护,见状,他要求有序自守。同俄特勒忽然单骑奔至城下扬威,有勇士蓦地闪现,顷斩其首。西突厥不知其死,还

唐玄宗泰陵刻石(陕西蒲城)

提出以军资赎回同俄特勒。一旦闻其亡矣,无不恸哭。此年西突厥一酋长都担猝然叛唐,不过也速为碛西节度使阿史那献所擒。两年以后,唐玄宗开元四年,公元716年,西突厥默啜可汗为拔野古的游骑所杀,或为唐将军郝灵佺所杀,难考矣。总之,默啜可汗死了。唐玄宗开元七年,公元719年,西突厥请居碎叶,唐允其居。于是以焉耆代碎叶,安西四镇就又调整为龟兹、焉耆、于阗和疏勒。

西突厥渐渐安宁,然而唐玄宗开元二十三年,公元735年,属于西突厥的突骑施竟行寇边之事。唐玄宗开元二十七年,公元739年,北庭都护并任碛西节度使的盖嘉运遂动员各路唐军,同伐突骑施,并在贺逻岭俘获也属于西突厥的吐火仙可汗。至唐玄宗天宝十年,公元751年,高仙芝抓捕了突骑施可汗。到这时候,此西突厥的异性之国终于败落。

唐玄宗对突厥也绝不姑息。

唐太宗逮突厥颉利可汗以后,对归附唐的突厥分别安排在河曲六州:丰州、胜州、灵州、夏州、朔州和代州。唐待突厥优厚,女皇帝也赐之大方,然而让突厥彻底顺服是不可能的。自唐高宗以来,一再有所谓的可汗自立并犯唐。骨咄禄可汗之后是默啜可汗,之后是毗伽可汗,之后是伊然可汗,之后是登利可汗,之后是乌苏米施可汗。突厥还一边寇边,一边请和,卒无信义。

唐玄宗执政,突厥有五次请和,不过他的愿景是灭突厥。唐玄宗曾经遣使者向乌苏米施可汗传谕,希望其归附,但乌苏米施可汗却不从。唐玄宗想,那么你就等着。忽有突厥拔悉蜜率兵攻之,乌苏米施可汗遂仓惶而逃。不过能往何处去呢?至唐玄宗天宝三年,公元744年,拔悉蜜终于追杀之,并传首长安以献太庙。之后是白眉可汗,乃乌苏米施可汗之弟。突厥不服白眉可汗,从而大乱。机会来了:奉唐玄宗之命,朔方节度使王忠嗣攻突厥,回纥也攻之,并杀了拔悉蜜。唐玄宗天宝四年，公元745年，唐示回纥定其国，回纥遂斩白眉可汗。突厥灭，其故地悉归回纥。

有毗伽可汗之妻，也是伊然可汗与登利可汗之母，名曰：骨咄禄婆匐可敦。这位女杰很有意思，她见突厥灭，遂率众归附唐。唐玄宗高兴，在兴庆宫花萼相辉楼上宴群臣，赋诗以美可敦自来。天子封可敦为宾国夫人，年送其化妆费二十万。唐玄宗以此表现了他的浪漫和慷慨。

吐蕃无力吞唐，然而有意据河西，以控制丝绸之路的贸易。至唐玄宗，吐蕃知其神武，遂一再请和。以我略计，请和不少于六次。然而也反复犯唐，唐军反击。以我略计，吐蕃寇边不少于十八次。吐蕃犯唐有两个方向，一是剑南道，寇松州，二是陇右道，以青海为基地，反复寇瓜州，抢取河西。曲子城、大莫门城、祁连城、石堡城，皆有交锋，尤以石堡城的争夺为烈。

石堡城在今之青海湟源，这里有日月乡，石堡城遗址就在此。吐蕃所踞的铁刃城，就是唐的石堡城。唐玄宗开元十七年，公元729年，上遣朔方节度使李祎和河西及陇右诸将协商占领石堡城。李祎强调，石堡城要不惜一切拿下！唐军日夜兼攻，吐蕃失手。取得石堡城以后，唐玄宗改之为振武军。李祎是李世民的曾孙，有信安郡王之爵。

丧石堡城，吐蕃震恐，遂派使者请和，金城公主也进行斡旋。唐应其所求，送诗书，以示善意。唐还在甘松岭设互市，以利贸易。唐玄宗开元二十一年，公元733年，唐与吐蕃在赤岭划界立碑，彼此有大臣见证了此仪式。吐蕃向唐示好曰："唐、吐蕃皆大国，今约和为久长计，恐边吏有妄意者，请以使人对相晓敕，令昭然具知。"

吐蕃没有信义，竟在唐玄宗开元二十九年，公元741年，陷石堡城，从而以其作犯唐之要点。哥舒翰久斗吐蕃，经验丰富。唐玄宗天宝八年，公元749年，遣哥舒翰任陇右节度副大使，集朔方和河东吏士，再夺石堡城。石堡城三面临崖，唯有一径，有数百吐蕃紧扼，以檑木礌石滚下,唐军难战矣。哥舒翰又气又急,欲杀将领高秀岩和张守瑜。此二将领请求哥舒翰给三天时间,不拿下再杀。经拼命连攻,死伤数万,唐军终于又取得了石堡城。

以哥舒翰有功,进封凉国公,兼河西节度使。至唐玄宗天宝十三年,公元754年,哥舒翰率兵连破吐蕃的大莫门城和洪济城,收复了唐中宗所割让的河湟九曲。

吐蕃还在葱岭阻唐,不过没有得逞。有一个小勃律,曾经来朝,唐玄宗便以其地为绥远军。小勃律近吐蕃,数为其所困。吐蕃对小勃律曰:"我非谋尔国,假道攻四镇尔。"遂占领小勃律九城。唐不悦,出兵又夺其城,并诏册小勃律王。至苏失利为小勃律王,其受吐蕃的诱惑,娶了吐蕃之女为妻,从而为吐蕃臣。这一带渐有二十余国为吐蕃所羁,停止向唐上贡。是可忍也,孰不可忍也,讨伐吐蕃!可惜自安西节度使田仁琬以来,三征无功矣!唐玄宗天宝六年,公元747年,唐玄宗遣安西副都护高仙芝战之。高仙芝率兵登葱岭,过特勒满川,轰然平小勃律,并执苏失利及其妻至长安,周边诸国无不震恐。

回纥受唐之制,对唐有功。灭突厥乌苏米施可汗,有回纥骨力裴罗之助;灭突厥白眉可汗,还是回纥骨力裴罗所为。以其功,唐玄宗拜骨力裴罗为左骁卫员外大将军,允其有古匈奴之地。然而回纥怎么会永屈我唐之下?一旦有机会,它必辱唐,甚至欺唐,所以唐不能颓,可惜难保不颓啊!

大食在唐玄宗开元三年和开元五年,先后寇安西四镇:龟兹、碎叶、于阗和疏勒。唐军反击,大食乃去。然而大食侵唐之心会去吗?不!大食必然战唐,否则怎么在丝绸之路牟利呢!

唐玄宗天宝九年,公元750年,高仙芝讨伐石国,约石国王降,以致归附。高仙芝乘其不备,杀其老弱,抓其王。高仙芝献石国王于阙下,随之斩王首。石国王子诉之大食,大食暗喜,因为终于有了一个理由攻唐了。

　　大食遂联合诸国打安西,此乃大食的精选。唐玄宗天宝十年,公元751年,高仙芝奉诏,率三万吏士拦击大食,遂有怛逻斯之战。遗憾高仙芝几乎全军覆灭,所余数千皆背身而逃,以返安西。

　　这一仗影响深远,因为大食以此之赢,可在葱岭之外做主。尽管此时大食还未掌握丝绸之路的贸易,不过总有一天它会把持此贸易的,并投射其宗教。

　　唐军被俘甚多,其中有造纸匠、金银匠和画师。中国造纸术传至欧洲,就是阿拉伯人先从唐造纸匠得到,再为欧洲人所取的。

　　都护显然是重要之职,有时候会让唐王任之。唐玄宗三子李亨封陕王,就尝任安西大都护。给李亨所配的副大都护是张孝嵩,颇得唐玄宗信任并喜欢。唐玄宗开元十二年,公元724年,有濮州人杜暹,接任张孝嵩为安西副大都护,他当然也为上信任并喜欢。杜暹过去任监察御史时,曾经赴安西处理讼事,涉及副都护郭虔瓘与西突厥可汗阿史那献。杜暹入突骑施帷帐调查郭虔瓘犯行,不得不受蕃人所送黄金,然而他立意不要,遂偷埋幕下。讼事结束,离开安西,杜暹才以公文告蕃人,让其在幕下挖掘黄金而收之,蕃人无不敬畏。杜暹如此贤臣,能不优质地辅佐李亨吗?唐玄宗开元十三年,公元725年,于阗王尉迟眺勾结突厥及西域诸国叛唐。杜暹觉察其阴谋,兴师征之,杀尉迟眺,更立于阗王,于阗遂稳。杜暹在安西四年,不辞辛劳,为夷夏所乐。唐玄宗开元十五年,公元727年,李亨毕其任。

　　李林甫是唐高祖李渊堂弟长平王李叔良之曾孙,官极宰相。他也兼任过陇右节度使和河西节度使,并兼任过安西大都护。

　　唐对西域之管理,是有支出的,一般包括对西域诸国的报赠、册吊、程粮和传驿之费,消耗巨大。丝绸之路的贸易,彼此有获,商胡之过所也是应该缴税的,这可以供都护府之用。欧阳修说:"开元盛时,税西域商胡以供四镇,出北道者纳赋轮台。地广则费信,此盛王之鉴也!"

最后的都护

  安史之乱,一失洛阳,二失长安,江山危在旦夕之间。唐玄宗避难于蜀,唐肃宗在灵武即皇帝位。交班无奈,接班仓皇,尽以应急。

  为了平乱,西域驻军多以东调,凡在西域工作过的唐将军高仙芝、封常清、哥舒翰及任天德军使并兼任九原太守和朔方节度右兵马使的郭子仪,统统率兵讨贼。安西都护府和北庭都护府的武装力量骤减,以致西域顿为空虚。

  乘唐有乱,吐蕃遂疯狂进犯。唐肃宗至德元年,公元756年,吐蕃陷嶲州,今之四川西昌;至德二年,公元757年,吐蕃陷西平郡,今之青海乐都,接着陷廓州,今之青海化隆;党项羌也寇宝鸡,甚至烧了大散关。

  唐代宗立,吐蕃请和。然而在唐代宗即皇帝位的当年,吐蕃竟连寇秦州、成州和渭州,其信义何存!至唐代宗广德元年,公元763年,吐蕃入大震关,叠得诸州,陇右之地尽丧。

  吐蕃以泾州刺史高晖之降,获得了向导,从而陷邠州,寇奉天,掠武功,占领长安,立金城公主之弟广武王李承宏为皇帝,计有十五日。以郭子仪之术,吐蕃顿溃,离开了长安。

  之后还有三次,长安几乎又为吐蕃所陷,京师不得不戒严。尤其是唐代宗永泰元年,公元765年,吐蕃率诸虏包抄长安,唐军或屯奉天,或屯泾阳,或屯渭桥,或屯便桥,或屯周至,或屯凤翔,或屯同州,或屯坊州。唐代宗也未闲着,史记:"天子自率军屯于苑。"吐蕃终于大害礼泉而退。然而吐蕃久存败唐之妄想,遂寇唐不止。

此间,以吐蕃所阻,安西都护府和北庭都护府与唐政府已经难以联系,处在孤立状态。

唐德宗知道吐蕃有败唐之念,但他却生远回纥而亲吐蕃之思,是因为曾经受回纥之辱。甫即皇帝位,唐德宗便遣太常少卿韦伦持节赴吐蕃归其五百俘虏,并赠衣物。此是以德绥怀之,也为示好。吐蕃也派使者随韦伦入朝,有特产上贡。然而唐德宗建中元年,公元780年,吐蕃接待殿中少监崔汉衡的时候居然争礼,要求使者上奏唐德宗,认为吐蕃与唐虽为甥舅之国,不过其礼本均,赞普亲见唐使者,皇帝也当亲见吐蕃使者。唐弱,唐德宗竟许之。

为求安宁,唐与吐蕃三番五次会盟,不过吐蕃自以为强,始终乏诚。唐德宗建中四年,公元783年,约清水会盟,议题主要是划分彼此边界。唐决定承认吐蕃已经所据之地,相约:"唐地右尽弹筝峡,陇州右极清水,凤州西尽同谷,剑南尽西山、大度水。吐蕃守镇兰、渭、原、会,西临洮,东成州,抵剑南西磨些诸蛮、大度水之西南。"割让广袤之地,大唐还大吗?接着,又提高级别,在长安右郊再会盟一次,礼如清水。

既然吐蕃乏诚,相约遂坏。恰逢泾原兵乱,唐德宗先逃奉天,再逃梁州,不得不请吐蕃支援讨贼,唐对吐蕃当然也有承诺。显然由于未能满足吐蕃的领土要求,仅以帛赠,虏甚抱怨。唐德宗贞元二年,公元786年,遣使者拜会赞普,但吐蕃却大寇邠州、宁州、泾州和陇州,又陷盐州和夏州。只是吐蕃粮饷有限,难以继战,遂又约会盟。

平凉会盟便以如此背景展开,可惜这是唐之不幸。唐德宗贞元三年,公元787年,春夏之交,唐有一批重臣赴平凉,吐蕃也有尚结赞,就是其宰相出席。不料此为吐蕃的阴谋!河中节度使浑瑊任唐的会盟主监使,他刚进帷帐更衣,吐蕃就猛击其鼓,不知何故!浑瑊速出帷帐骑马,伏身而驰,完全是求生的本能。他活了下来,然而吐蕃抓唐官六十余,杀吏士五百余,擒民一千余。

吐蕃夺得敦煌以后,便进犯西域。唐德宗贞元二年,公元786年,任北庭节度使的李元忠和安西四镇节度留后的郭昕派使者,终于假道回纥,抵长安上奏。唐德宗深为感动,他的大臣竟自守如此,遂拜李元忠为北庭大都护,郭昕为安西大都护。可惜这时候,丝绸之路上的唐都护,已经逐步走向衰败。唐德宗贞元三年,公元787年,吐蕃开始进攻唐都护府。至唐德宗贞元六年,公元790年,有沙陀叛唐,吐蕃便以此机会陷北庭都护府,安西道绝。唐书曰:"是岁,吐蕃陷北庭都护府,节度使杨袭古奔于西州。"

在唐肃宗至德元年,公元756年,郭子仪受诏至灵武,拜兵部尚书兼宰相,以议平乱及收复长安的战略。唐肃宗欲向回纥借兵,以张唐军的威武,遂命敦煌郡王李承寀拜会葛勒可汗。仆固怀恩本出铁勒,在郭子仪麾下平安史之乱,甚为能战。以其熟悉回纥,遂陪敦煌郡王同往。回纥同意助唐,以喜李承寀,又以葛勒可汗之女嫁李承寀。葛勒可汗就是英武威远可汗,即磨延啜。唐肃宗高兴,赐回纥女为毗伽公主。

唐肃宗至德二年,公元757年,回纥兵至,天子答应回纥:"克城之日,土地、士庶归唐,金帛、子女皆归回纥。"在葛勒可汗之子叶护指挥下,回纥援唐,以收复长安。唐军布阵于香积寺以北,沣水一带。关键之际,仆固怀恩引回纥兵而来,大食和南蛮也参加讨贼。贼大败,唐遂收复了长安。乘胜东征,已经取代安禄山的安庆绪惊骇万分,弃洛阳而逃,唐也就收复了洛阳。

回纥在洛阳欲望顿生,横劫纵抢,而且意犹未厌。有父老贿之罗锦万匹,回纥才缓然住手。叶护西返,唐肃宗遂命百官列队在长安驿欢迎,他也请叶护在大明宫宣政殿一晤,巴结之态尽显。叶护表示,将继续为唐扫荡范阳余孽。天子封叶护为司空,又封为忠义王,岁赠绢两万匹。

为安回纥之心，唐肃宗乾元元年，公元758年，嫁宁国公主给英武威远可汗。其为唐肃宗幼女，上不舍，遂送至咸阳。幼女辞诀曰："国家事重，死且无恨。"唐肃宗流泪而返。旋有回纥骁骑三千，助唐再讨安庆绪。不久，史思明杀安庆绪，自称大燕皇帝。唐肃宗上元二年，公元761年，史思明又为其子史朝义麾下所杀，史朝义即皇帝位。

唐肃宗有忧，以郭子仪为汾阳王，率唐军征史朝义。郭子仪行前拜会皇帝，感慨道："老臣受命，将死于外，不见陛下，目不瞑矣。"皇帝也很动情，拉郭子仪进卧室说："河东之事，一以委卿。"河东之事，显然指史朝义撼唐之事。

忽然唐玄宗崩，接着唐肃宗崩，唐代宗即皇帝位。事在唐代宗宝应元年，公元762年。

唐代宗急于结束史朝义之乱，遂遣中使刘清潭见回纥以借其兵。不料登里可汗已经为史朝义所诱，尽露轻唐之色。唐代宗便又遣仆固怀恩见登里可汗，一番交流，回纥竟同意进击史朝义。

回纥至陕州，唐代宗命雍王李适与登里可汗一晤。李适也不仅是雍王，他还任天下兵马大元帅，遗憾登里可汗不敬。有包括御史中丞药子昂在内的一批大臣相陪，登里可汗竟斥责雍王李适未舞蹈。回纥认为登里可汗与唐代宗是兄弟，雍王李适晚一辈，所以礼当舞蹈。药子昂坚决拒绝，说："元帅，唐太子也，将君中国，而可舞蹈见可汗哉？"彼此相争，雍王返营。由此李适怨恨回纥，从而在即皇帝以后，调整外交政策为远回纥而亲吐蕃。

此为插曲，也颇有趣。当是时也，唐军骏奔陕州，仆固怀恩与回纥也勇往直前。收复洛阳以后，史朝义便走投无路，遂跑到一片丛林之中自缢了。事在唐代宗广德元年，公元763年。

回纥这一次又在洛阳夺取宝物，并烧杀盗窃。以其有功于唐，留在长安的回纥也霸道至极。他们或抢掠女子于市,或引骑攻含光门,或夺长安令绍说之马。唐代宗大历十年,公元 775 年,有回纥在横道害命,京兆尹黎幹捕之,上竟指示饶恕此回纥。又有回纥在东市以刀伤命,依法缚之投万年县监狱,回纥竟破监狱,残其吏,取囚而去。

仆固怀恩率兵平乱,功莫大焉,然而他以种种原因,也渐起叛唐之念。在唐代宗广德元年至永泰元年,仆固怀恩数次引回纥、吐蕃和党项诸胡侵唐,长安数处困境,甚至唐代宗不得不屯于苑。仆固怀恩暴死鸣沙以后,郭子仪见回纥大帅药葛罗,对其动之以情,谕之以理,回纥才解释错在仆固怀恩之误导,并表示要进击吐蕃以谢罪。郭子仪与药葛罗执酒为誓,郭以酒酹地曰:"大唐天子万岁! 回纥可汗亦万岁! 两国将相亦万岁! 有负约者,身殒阵前,家族灭绝。"药葛罗也以酒酹地曰:"如令公誓。"郭子仪便遣彩三千匹,回纥甚快。吐蕃闻之,连夜而遁。

唐德宗之弃回纥,是在当雍王的时候,登里可汗使他受辱,并常有隐痛所致。

然而平凉会盟,粉碎了他对吐蕃的希望,也改变了他对回纥的态度。但回纥长寿天亲可汗,武义成功可汗,就是药葛罗,屡求和亲,唐德宗却久不答应。以宰相李泌反复谏之,唐德宗才意识到这有助于团结回纥,抗击吐蕃。唐德宗贞元四年,公元 788 年,诏嫁咸宁公主于回纥,可汗大喜,说:"昔为兄弟,今婿,半子也。陛下若患西戎,子请以兵除之。"回纥断了它与吐蕃的关系,派使者至长安,请易回纥为回鹘,取捷鸷犹鹘之意。唐册封其为长寿天亲可汗。

唐德宗贞元六年,公元 790 年,吐蕃猛攻北庭都护府。以沙陀降吐蕃,吐蕃从而陷之,节度使杨袭古携麾下两千吏士走西州。杨袭古战吐蕃不胜,俄为回纥所杀。吐蕃陷北庭,安西道阻,无法驰援,随之也陷。李元忠是最后的北庭都护及节度使,郭昕是最后的安西都护及节度使,这一点应该纪念。在绝望的雪漠与云空之中,西州仍为唐坚守,这一点更当致敬。

丝绸之路上的唐都护府

2015年10月24日,一场瑞雪吹我至乌鲁木齐的红山上,四下而望,银包盐雕,白茫一片,也安安静静。此地汉时为车师后王国所有,晋时归铁勒。唐太宗贞观年间以平高昌,隶庭州,轮台县辖之,为安西都护府所统,几十年以后,又为北庭都护府所统。不料吐蕃来了,夺我唐之地,聚睛乌拉泊,举目破城子,想象尚未湮灭之遗址,不禁慨然。此地曾经一再易手,西辽据之,回鹘据之,瓦剌也先据之,其终于属清,呼之曰乌鲁木齐而至当世。凡往天山南北,必经此地,遂为丝绸之路要冲矣!

诗人的体验

丝绸之路上的贸易,并非绝对安全。有时候贸易是顺利的,但有时候贸易却是危险的。唐都护府专为贸易提供安全保障,所以难免作战。实际上打仗是经常的,甚至是十分激烈的,尤其是艰苦的。

岑参先后任安西节度使高仙芝幕府书记和安西北庭节度使封常清判官,往来西域十余年,烽墩塞堡,金甲铁戈,无不经历。

> 走马西来欲到天,辞家见月两回圆。
> 今夜未知何处宿,平沙莽莽绝人烟。

随高仙芝的部队进入西域,仍在碛中。固然平坦,尽是沙漠。左不见人,右不见人,唯天在前。天仿佛是一个诱惑,似乎很快就可以登天了。月缺月圆,已经两月,难免要东眺故园。然而还得继续行军,甚至不知道今夜在何处安营。

> 火山五月行人少,看君马去疾如鸟。
> 都护行营太白西,角声一动胡天晓。

岑参送刘判官赴碛西,想象五月之火山,刘判官径奔而过,迅度之快仿佛鸟飞。指出都护行营之远,也暗示交锋存在着牺牲之可能,当然也展望了唐军之胜利。在武威送刘判官，多是鼓舞。

> 火山六月应更热，赤亭道口行人绝。
> 知君惯度祁连城，岂能愁见轮台月。
> 脱鞍暂入酒家垆，送君万里西击胡。
> 功名只向马上取，真是英雄一丈夫。

碛西击胡显然是连续的，前仆后继的。五月送了刘判官，六月又送李副使，足见边境的动荡。事在唐玄宗天宝十年，公元751年，以石国之故，所引起的大食和唐的战斗。

李副官遵命往碛西去，当然是希望能出师大捷，不过战场上总是有生有死的。岑参选了一个酒家，为其饯行。赞颂李副官久经疆场，既然惯度祁连城，那么望轮台之月也就没有什么忧惧的。火山固炎，赤亭也荒，然而杀虏立功，是谓英雄。胸意直抒，是向李副使致敬，不也表达了自己的一种壮志吗？

> 轮台城头夜吹角，轮台城北旄头落。
> 羽书昨夜过渠黎，单于已在金山西。
> 戍楼西望烟尘黑，汉兵屯在轮台北。
> 上将拥旄西出征，平明吹笛大军行。
> 四边伐鼓雪海涌，三军大呼阴山动。
> 虏塞兵气连云屯，战场白骨缠草根。
> 剑河风急雪片阔，沙口石冻马蹄脱。
> 亚相勤王甘苦辛，誓将报主静边尘。
> 古来青史谁不见，今见功名胜古人。

这一次是送封常清征虏，时在唐玄宗天宝十三年，公元754年，封任安西北庭节度使摄御史大夫，岑参是判官。诗人想象轮台为击虏之地，形势之严峻在夜吹号角，烟尘发黑，环境之恶劣在雪大风急，石头冰冻，厮杀之惨绝在丧命甚众，白骨累累。诗人的祝福是，封大夫不畏艰辛，必将得胜，从而青史留名。

高适入陇石节度兼河西节度哥舒翰幕府，掌书记。50岁以后，他风雅而吟，多是慷慨悲歌。

雪净胡天牧马还，月明羌笛戍楼间。

借问梅花何处落？风吹一夜满关山。

边塞何等平静，显然是赢敌之后难得的小憩。胡天之下，夕阳甚好，牧马遂还。月照戎楼，明光洒地，忽有羌笛吹起来。这时候，高适不禁想家了。关山无梅，然而梅花仿佛乡愁，落满了关山。

唐军能战能打，不过他们也有感情，何况是诗人。

诗人在西域的体验，今天完全是审美了。也许这是岑参和高适没有料到的。

议曰：

安西都护府和北庭都护府的建立，使西域辖于唐帝国的治理之中，从而保障了丝绸之路的贸易得以顺利展开。唐为盛世，这也是其表现。

西域的形势始终是严峻的，唐帝国一直处于对西域安全的维护状态。唐帝国不得不投放一定的部队在西域，时而主动出击，时而应对危机。安史之乱发生，社稷摇晃，遂要调动驻防西域的部队以平之。由此，导致唐都护府陷落，丝绸之路断绝。

通丝绸之路，以唐强大而通。闭丝绸之路，以唐衰弱而闭。

唐玄宗是唐帝国安全的第一负责人，由于他的失察和急政，安史之乱成矣。天下板荡，丝绸之路为荒，不亦痛哉！

汉长安城与丝绸之路

汉长安城

　　想到汉长安城,我就会想到刘邦,随之是辅佐他夺得江山的张良、萧何和韩信,谓之汉初三杰。

　　汉文帝和汉景帝有极为英名的治国理念。轻徭薄赋,甚至以三十税一的标准收取田租。解山泽之禁,促进民富。修律改令,判罪从宽,从轻,从短,社会有暖意,身体添精神。给人公平的台阶,入粟便能拜爵。知道无为之深意,自己的生活遂节俭。

　　汉武帝显然是伟大的。他属于那种只要给其权力,他就能创造时代的英雄。

　　以对征伐匈奴的战争,马遂受捧。汉武帝时,身毒赠连环羁,以玛瑙为勒,琉璃为鞍,除此以外,皆用白玉,其光辉灿烂,夜明昼照。从此马之盛饰,成了汉长安城的时尚。为美化马,凡白蜃、紫金、铃镊,无不采而装马。马奔遂鸣,声若钟磬,流苏飘摇,扬若旗帜。得大宛天马以后,汉武帝不惜以玫瑰石为鞍,嵌以雕刻的金银与黄铜。障泥锦极其华丽,甚至以散射绿光的熊罴皮为之。

　　想到汉长安城,我也就想到居于椒房殿的美人。凡戚夫人、卫皇后、李夫人、赵婕妤、班婕妤、赵飞燕,都是让天子爱得执迷的绝品。王昭君虽葬塞外,不过她也在汉长安城呼吸了几个春秋。她是充盈着烈性的美人,命运悲惨,香魂永垂。

汉高祖七年,公元前 200 年,天子入汉长安城。当时这里还比较简陋,不过百年以后,汉长安城就成了世界上最大的城。它的围墙大约 25.1 千米,城内遗址面积大约 34.39 平方千米。在相当长一个时期,它比罗马城大,比拜占庭城大,比巴格达城大。它的城内有长乐宫、未央宫、北宫、桂宫、明光宫。城外有建章宫,还有明堂和辟雍。建章宫的遗址面积大约 9.3 平方千米。建筑群南北起伏,东西跨越,壮丽且巍峨!它每面开三座城门,共有十二座城门,每个城门有三个门洞,置三道,足使十二辆马车并驾齐驱。汉长安城人口近乎五十万,出出进进,忙忙碌碌,各过各的日子。

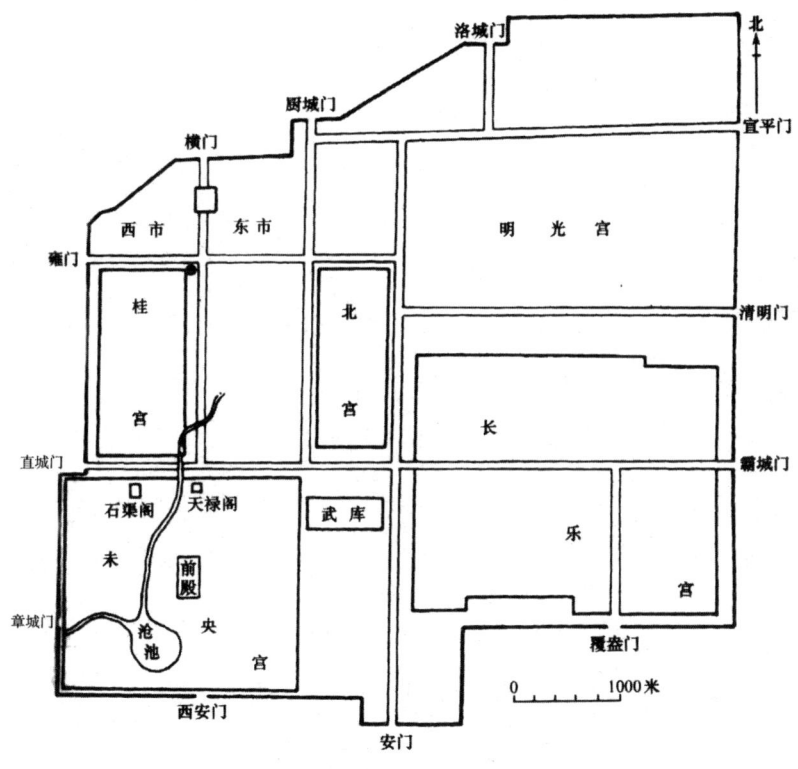

汉长安城平面示意图

英雄在线:丝绸之路的开辟者和捍卫者

汉长安城还是一个国际化大都市,此乃随匈奴的溃散和丝绸之路的开辟所形成。匈奴人降汉,留居汉长安城的甚多。凡弓高壮侯韩颓当、襄城哀侯韩婴和襄城侯桀龙,都是以匈奴相国率众降汉的,其他几十位也以匈奴王、匈奴都尉、匈奴大户当率众降汉。他们受汉优待,往往有爵位,有封邑,而且子孙承袭。有的在汉政府为官,也效忠于汉。汉武帝就宠信金日磾,以功授车骑将军,拜光卿大夫,并留言辅佐汉昭帝。除了匈奴人,西域诸国也有质子在汉长安城的。楼兰、危须、尉犁、大宛、康居,皆送子为质。这种质子制度,显然是春秋以来,诸侯国之间坚盟从约在西域诸国的移植。除了质子,车师王乌贵及其妻也生活于汉长安城。南越王太子婴齐为宿卫,也在汉长安城娶妻生子,优哉快哉。汉有频繁的外事活动,身毒、大秦、安息、黎轩、骠潜、黄支、夫甘都卢、弱水西国、西海国及倭,都有使节来朝,献其方物。

当然,无可奈何的和亲政策也兴于汉长安城。

出汉长安城,凡陵邑一一可见。北望咸阳原,有五陵邑,是汉高祖长陵,汉惠帝安陵,汉景帝阳陵,汉武帝茂陵,汉昭帝平陵。远眺白鹿原,以起汉文帝霸陵,成一陵邑。举目少陵原,以起汉宣帝杜陵,成一陵邑。陵邑多为富家所居,此地的少年尤其崇尚侠义。

多年以后,李白有诗曰:"南登杜陵上,北望五陵间。秋水明落日,流光灭远山。"可惜多年以后,我踏着李白的足迹,顺着李白的视线,什么也没有看到。何故雾霾横空,挡住了我的眼睛?

汉长安城向南是昆明池,昆明池以远是上林苑。上林苑环汉长安城,广地三百里,山深禽珍,谷幽兽猛,处处奇花异草,天子想娱乐了,便带侍从于斯狩猎。上之林苑,民是不能进的。

渭水为界，岸北是秦咸阳城，岸南作汉长安城。汉立国都在龙首原上，原因多种多样，但它对峙着咸阳城，却是要以汉势压秦气。萧何勘察并主持了汉长安城的基础工程，他懂得。他是文化人，素有方略，又熟悉关中地理，能不懂吗？

汉长安城巍峨且壮丽，然而政权更替，沧桑成变，早就湮灭为荒了。1998年，我登临未央宫前殿遗址的时候，这里还有星散的村子，还有1933年由中华民国政府西京筹备委员会所建的天禄阁小学。那天虽有乌云与强风，不过书声可闻。2012年以后，为使汉长安城未央宫遗址进入世界遗产名录，这里的村子拆迁了，天禄阁小学也拆迁了。现在，这里嘉木竞耸，花草争媚，似乎有了新貌。然而弯腰摸土，起身测天，我觉得汉长安城仍是废墟。

不能不承认，公元前二世纪初至公元一世纪二十年代，汉长安城不仅是一个政治的中心，也是军事、经济和文化的中心，中华民族在此间得到了一次重要的整合。我向从汉长安城走进历史的一批将军致敬，我更向从汉长安城走到今天并走向未来的一批文学家和思想家致敬。我要录其姓名，他们是：贾谊、晁错、董仲舒、司马相如、东方朔、司马迁、刘向、刘歆、扬雄。

从渭水北边的秦咸阳城出来的政策是愚民的，它制定有挟书之律令，知识分子动辄获罪，但从渭水南边的汉长安城出来的政策却废除了挟书之律令。它还可贵地组织博士抄书，以求表达准确。敞开捐书之路，或派官征书于天下，谨防书之流失与损毁。为书编目，从而使书分门别类，繁而不乱。石渠阁和天禄阁既是书库及文献资料库，又是学术交流的会堂。

想到秦咸阳城，我便感到阴森，欲去之而转忧为乐，但汉长安城却有温馨。那时候,只要我努力,也许就可以入太学,随博士读书,或成为贤良方正文学之士,为天子所招,效忠于汉帝国。

长 乐 宫

秦始皇筑兴乐宫于渭河以南,虽然秦亡之后弃用,不过基础尚实。

刘邦当皇帝,徬徨一度,终于在汉高祖五年,公元前202年,决定以长安为国都。其入关中,初住栎阳。考察秦所存兴乐宫还可以再居,遂迅速改造和维护。到汉高祖七年,公元前200年,兴乐宫焕然整洁,就改它为长乐宫,从栎阳迁之。

没有朝仪,群臣诸侯见皇帝便显无礼,或争功吵嚷,或醉酒乱喊,有的甚至拔剑击柱,刘邦遂厌烦并忧虑。征得汉高祖同意,博士叔孙通率弟子就制定了一套朝仪。

徙长乐宫,逢群臣诸侯有十月之朝会,朝仪便依叔孙通所定而行。天尚未亮,参加朝会的人都依次进前殿门。廷中悬旗设兵,一片森然。武官和诸侯依次陈西方,东向;文官和丞相依次陈东方,西向。肃静之中,皇帝辇出。百官旋即传声而唱警,并引群臣诸侯依次向皇帝奉贺。势大气聚,无不震恐。礼毕,群臣诸侯一律倾身而伏。接着宴饮,凡陪皇帝进餐的人,尽是含胸俯首。给皇帝敬酒,便恭敬而起,目光仰视。行止动静,咸有尊卑高下之度。这一场下来,刘邦完全感受了皇帝的威风,说:"吾乃今日知为皇帝之贵也。"任叔孙通为奉常,赐其黄金五百斤。

汉高祖率军打匈奴不遂,便在长乐宫接受娄敬建议,以和亲应对匈奴的侵略。和亲六十七年,实际上是委屈图存。直到马邑之谋以后,汉武帝发动了对匈奴的征伐战争。

汉长安城与丝绸之路

汉高祖十一年，公元前 196 年，吕后欲除韩信，获得了萧何的支持。萧何便诱韩信到长乐宫来见刘邦，韩信赴之。过钟室，忽遭壮士绳缚，韩信说："吾悔不用蒯通之计，乃为儿女子所诈，岂非天哉！"

刘邦和吕后所生的刘盈是太子，不过刘邦喜欢其妾戚夫人所生的刘如意，打算废刘盈，扶刘如意做太子。吕后甚患，更怕，便照张良计，请刘邦所尊重的四位高士从太子游。汉高祖十二年，公元前 195 年，刘邦发现四位高士随太子左右，知道易太子不可能了，戚夫人遂悲伤地哭起来。刘邦也连连喟叹，然而无奈之极，便让戚夫人跳舞，他歌曰："鸿鹄高飞，一举千里。羽翮已就，横绝四海。横绝四海，当可奈何！虽有矰缴，尚安所施！"不久在长乐宫崩。

太子刘盈即皇帝位，移未央宫，吕后升为太后，仍居住长乐宫。以长乐宫在未央宫东侧，遂为东宫。曾经有白马之盟："非刘氏而王，天下共击之。"然而吕后野心蠢蠢，弄鬼伐异。汉惠帝七年，公元前 188 年，汉惠帝崩，吕后乃昂然用事。其立汉惠帝后宫子为皇帝，不过皇帝幼小，吕后遂临朝称制。其封吕氏子弟为王为侯，以变刘家天下为吕家天下，放肆且猖獗矣！至汉高后八年，公元前 180 年，吕雉以病而亡。

汉传十世以后，王莽篡位执政，改长安为常安，也改长乐宫为常乐宫。

史记，长乐宫周回二十余里，有殿十四座。计其重要的有前殿、长定殿、长秋殿、永寿殿、永宁殿、临华殿、温室殿。其鸿台当然也不可轻之。

王仲殊据 1962 年的勘探认为，长乐宫面积大约 6 平方千米，占长安城六分之一。刘庆柱据 1986 年的勘探认为，长乐宫周垣 10370 米，遗址包括今之西安市未央区未央街道办事处各村，它们是阁老门村、唐寨村、张家巷村、罗寨村、讲武殿村、李家壕村、叶寨村、樊寨村、雷寨村、查寨村、南玉丰村。

何清谷有记：长乐宫前殿遗址，在 1958 年仍有巨大的夯土台基，卒以

103

夷平。国都之构件，漠然怠然，不保护，不肖子孙啊！

长乐宫遗址

未央宫

事有凑巧，刚刚进入汉长安城遗址，便日坠西方，于是残阳斜照，龙首原上零乱的村子，红砖的楼房，民居之间葱郁的树木，忽然就深陷黄昏之中。

未央宫遗址

北行二里余,至未央宫所在的地方。前殿早就毁灭了,不过它的台基突兀而出,仍有崇高之感。夏风在这里似乎追加了自己的强劲,虽不拔木,然而树皆低枝,摇来晃去的若翩翩起舞。不知道是从何处汇聚于斯的,人有男女,三五成群,乘凉聊天。当然也有孤独之士,脚踩黄土,视通万里且思接千载,不觉暮霭遍野。

12年以前,我与未央宫曾经有会。当时,我是从汉长安城遗址南行考察的。空旷荒寂,冬风凄厉,有狗嗅着一片草灰匆匆而去。我攀缘前殿的台基,在顶端上远望了一番废墟,以不胜形单影只,便回家了。

未央宫是在汉高祖八年,公元前199年,由汉政府丞相萧何监修的。未央宫以十余代皇帝持续建设,才臻于宏伟。初竣仅仅立东阙和北阙,造其前殿,作武库,营太仓。不过刘邦征战匈奴返长安,见未央宫甚为壮丽,心有不能承受之动,便批评萧何:"天下匈匈苦战数岁,成败未可知,是何治宫室过度也?"萧何说:"天下方未定,故可因遂就宫室。且夫天子以四海为家,非壮丽无以重威,且无令后世有以加也。"刘邦觉得丞相有其道理,便意转欣然。

可惜刘邦至死也没有享用未央宫。汉高祖五年,公元前202年,刘邦采纳娄敬和张良的建议,以长安为国都。不过当时长安也只有灭秦之所余,遂把兴乐宫改为长乐宫,居之办公,刘邦便崩于斯。当然,刘邦也尝在未央宫前殿设宴大酺群臣,高兴之际,向父亲敬酒,笑问他的产业与其兄刘仲的产业谁多。父亲过去认为刘邦生计无所依靠,不治产业,是不如其兄刘仲的。

汉惠帝是刘邦和吕后所生儿子,质性仁弱,继位之后,居未央宫。吕后篡权之意膨胀,又妒火燃烧,遂把刘邦所爱的戚夫人砍手削足,挖目灼耳,灌哑药吃,做成人彘,置之于厕所。她还满怀阴险图谋,携汉惠帝观察。见戚夫人的惨相,汉惠帝大惊失色,结下病根,症候为疏懒朝政。

汉政府的工作,就演变为由吕后在暗中操盘。汉惠帝崩,吕后又先后立二婴为皇帝。天子幼稚无知,她便以太皇太后的身份发号施令。宣示二婴是汉惠帝的儿子,实际上二婴皆是别的男人与宫女所生。如此苦心,不过为了执政而已。然而她还是惶恐,遂以诸吕作重臣,时达八年之久,刘姓的天下几乎是吕姓的天下了。

公元前180年,吕后薨,汉的开国元勋丞相陈平和太尉周勃合计,一举铲除诸吕,并迎代王刘恒到长安来,为汉文帝。刘恒在汉文帝前元元年,公元前179年,入主未央宫,象征天下复归刘姓。

在刘邦看起来,萧何所作未央宫已经甚为壮丽,不过其子孙显然还不满意,遂一再扩充。这里有宣明殿、广明殿、昆德殿、麒麟殿、承明殿。宣室属于前殿的正庭,皇帝接见群臣一般于斯。玉堂殿属于皇帝会晤作家和学者之处。清凉殿为皇帝夏天避暑之处,是装有降温设施的。温室殿是皇帝冬天活动之处,以植物种子抹墙,遂生暖意,以桂木为柱,遂发香气,并有锦帛制帘以挂门悬窗,挡其寒风。

椒房殿为后宫,四方倩女以各种各样的方式云集水汇其中,供皇帝玩乐。以椒和泥涂壁,取意热性,芳气,繁殖多多益善。汉武帝既好大喜功,也好色喜淫,遂把后宫设为八区,是昭阳、飞翔、增成、合欢、兰林、披香、凤凰、鸳鸯。以后还有所增补,安处、常宁、苣若、椒风、发越、蕙草,似乎都是追加的。

未央宫偏北方向有天禄阁和石渠阁,皇家档案与图书尽存在此。

未央宫是汉政府的枢纽,权力中心。在这里,宫廷斗争残酷,也事有荒唐。我常常想,未央宫何尝不是一个秘密的舞台,它上演的是活剧,又是连续剧。难免不令人喟叹!

汉文帝有一次梦见自己登天,天梯难攀,很是焦急。忽然感到有头著黄帽之人推他一把,就登上了天。回头俯视,发现推他之人,背有衣带拖拉着,遂留下印象。醒来便长思,并常常注意未央宫的侍者。未央宫有池,可以行舟,汉文帝偶尔会游之。一天发现一个船工,正是头著黄帽,衣带拖拉其背的,了解到此人姓邓名通,想,邓者登也,通即通天。汉文帝兴奋之极,便赏其官,赏其财,终于任太中大夫,可以开矿铸钱。孔子敬鬼神,不过远避之,但汉文帝却对鬼神兴趣浓厚。一次他刚刚祭祀毕,便邀贾宜适宣室,了解鬼神之情况。几百年以后,李商隐讽刺他曰:"可怜半夜虚前席,不问苍生问鬼神。"汉文帝还算汉的优秀皇帝啊!

汉景帝以周亚夫反对他废太子而不满。周亚夫军细柳,何等有威,然而有一次应邀,赴汉景帝之宴,侍者上菜,给周亚夫盘子里放了一块大肉,竟迟迟不给筷子。周亚夫是周勃之子,当时任丞相,见君臣用餐,唯自己不得食,十分纳闷,便喊侍者拿筷子来。汉景帝笑,借机奚落周亚夫。周亚夫觉得受辱,便站起来免冠致谢,汉景帝也就站起来,这使周亚夫只能离席,不久遭罢。汉景帝也是汉朝比较优秀的皇帝。

汉武帝姑母窦太主守寡经年,然而欲望尚旺,五十岁以后竟招徕英俊少年董偃鬼混,对此长安人尽皆知。汉武帝在后宫有妃嫔近乎八千,不过他也喜欢这个美少年,赐其宝,还邀他在清凉殿休息。董偃以奇石为床,以紫琉璃装饰帷帐,以玉晶为盘,奢侈之极。然而有一次,汉武帝设宴款待窦太主和董偃,硬是让东方朔执戟挡住了。朔的理由是,宣室是先王的大堂,不议论军国之事不能进去。

汉武帝固然有好色甚至猎艳之质,尤其是可以放纵他的本性,不过他也有非常伟大的遗产。汉武帝一反和亲政策,开始进攻匈奴,此战略选择是在未央宫做出的。汉武帝遣张骞一再出使西域,开辟了丝绸之路。张骞从未央宫赴乌孙,又携乌孙使者至长安,他的副使也导西域诸国使者至长安,致礼汉武帝。显然,未央宫是丝绸之路的起点。

汉昭帝八岁继位,十二岁有皇后上官氏,是辅政的上官桀孙女和霍光外孙女。先在建章宫养育,后迁未央宫。上官桀死,霍光欲使汉昭帝独宠皇后以生儿子,可惜汉昭帝身体有病,招海内医生诊治,无果,要求禁欲,遂给妃嫔及宫女穿绲裆裤的裤子,前有当,后有当,不得交通,昭帝还是在22岁便驾崩了。

汉宣帝比较仁厚,尤尊儒学,曾经在石渠阁召数儒生讨论五经的学术问题。

汉元帝真是昏庸极了。其以宦官石显为中书令,放纵擅权,加害忠良。石显为试其威，特请汉元帝同意他自由出入宫门，即使夜晚也当为他开启宫门，以成所谓的及时征发。凡天下之事，由汉元帝与石显商量于帷幄之中，事无大小，皆以石显所论而定。然而汉元帝仍不明白自己相信的是谁，并承认天下乱透了，若知道谁是自己所相信的，那么一定不用石显。汉元帝也久久披疾，所召幸妃嫔及宫女，以画师毛延寿绘她们的画像而择，遂漏掉了王昭君。一日王昭君要随呼韩邪单于出塞，汉元帝才发现掖庭竟藏如此丰容雅姿之美人，追悔莫及，遂以弃市处理了毛延寿。从汉元帝起，汉渐现衰势。汉宣帝尝曰："乱我家者，太子也！"当时的太子就是以后的汉元帝。

明妃出塞图

汉成帝像汉武帝一样好色喜淫，他比汉武帝的性生活甚至更为糜烂。继位后，便下诏花鸟使采其良家妇女以充实后宫。宠一个，弃一个，频繁转换。许皇后，班婕妤，卫婕妤，尽吮其香，还不满足，遂把美少年张放当妃嫔与宫女一样玩乐。张放是富平侯张安世的子孙，以桃花之面遭弄。汉成帝携张放微服出游，竟自云他是富平侯家人，何等堕落！赵飞燕体轻腰柔，特长舞蹈，其妹妹赵合德弱骨丰肌，尤工笑语，二人色如红玉，先后入宫，轮流侍寝汉成帝。不久封赵飞燕为皇后，其妹妹为昭仪。然而对赵皇后有所爱弛,但对赵昭仪却加重眷顾,诏其居昭阳殿为纵情之巢。公元前7年,就是汉绥和二年春天的一个晚上,汉成帝与赵昭仪在白虎殿同床,想起来可能是良辰妙合吧。当早晨诸王向汉成帝辞行之际,发现汉成帝已经暴卒,被褥上沾有精液。

汉哀帝心理变态,见美少年董贤秀丽而怡然,便悦其仪貌,拜为黄门郎,并专幸之。同床共枕,随卧随起。董贤性和善媚,汉哀帝完全迷恋。一次昼寝,汉哀帝欲起身,见衣压在董贤腰下,不愿惊之,遂断衣而起。又诏董贤妻入宫,以董贤妹为昭仪。赐董贤父为光禄大夫,少府,关内侯,也赐董贤岳父和董贤弟之职,封董贤为大司马,大将军,又在未央宫北阙之下为董贤造宏大宅第。一次在麒麟殿宴请董贤父子亲属,汉哀帝从容望着董贤笑曰:"吾欲法尧禅舜,如何?"大臣王闳在侧服务,其直谏曰:"天下乃高皇帝天下,非陛下之有也。陛下承宗庙,当传子孙于亡穷。统业至重,天子亡戏言!"汉哀帝默然不悦,不过他真的是不肖。忽然未央宫燃起大火,烧毁很多栋宇,是人为,也是天意,预示未央宫将要易主了。

汉平帝9岁登基,状如傀儡。15岁那年,大司马王莽趁为其祝寿之机,用酒毒死汉平帝。接着立两岁的孺子婴,王莽仿效周公辅佐周成王的方式摄政。

几年以后,王莽宣告汉祚尽矣,自立为皇帝,国号曰新,用的仍是未央宫。这一年是公元8年。以王莽降低了对匈奴的地位,西域诸国也随北匈奴叛新,丝绸之路遂断。

尽管王莽迅速推行改革,不过社会危机已经深重,农民起义。新王莽地皇四年,公元23年,长安人响应绿林军的号召,攻入未央宫,王莽躲在渐台,有商贾杜关冲上去杀了他。

未央宫是汉政府的枢纽,权力中心。这里难道就没有精彩的节目上演吗?非也。汉武帝诏打匈奴,皆由此示,丝绸之路也由此出发。

呼韩邪单于再三来朝,并在汉元帝竟宁元年,公元前33年,主动提出,愿娶汉女,做汉婿,上就在未央宫赐了王嫱。冒顿单于对吕皇后是何等骄横,但呼韩邪单于却对汉元帝表示,要永远为汉保塞,以休天子人民。此乃匈奴终于内附矣!

历经风雨之后,未央宫仍为唐所用。唐太宗贞观八年,公元634年,唐军在汉长安城与唐长安城之间举行阅兵,唐高祖参加了活动。阅兵结束,唐高祖在未央宫置酒,凡三品以上百僚皆陪太上皇。唐太宗虽然执政,不过父子之道必行。其恭敬奉觞,并把宇内混一之功归父。太上皇大悦,遂命突厥颉利可汗起舞。

汉降匈奴,唐降突厥,未央宫都做了见证。

想象当年,未央宫是何等威严和华贵。以葛洪所记,其前殿是随龙首原之势赋其形的。资料显示,未央宫有殿四十三,池十三,山六,可惜战乱把它们都毁掉了。现在,它的废墟上有马家寨、刘家寨、何家寨、卢家寨,农民栽树植木,也种庄稼,草也会自己生长,绿满了沟沟坎坎。在前殿周边,也有农民的坟茔和墓碑。长天晚霞,林间叶摇,使人不胜感慨。

沿着一面斜坡,我慢慢登上前殿的台基。风拂而过,虽夏有爽,难怪人多聚于斯乘凉。我问:"石渠阁在哪里?"一个农民站起来,指着北方说:"有树木的地方是周河湾村,靠东一点就是石渠阁,土堆而已。"苍茫之中,似乎有树木,然而看不到土堆。我又问:"天禄阁在哪里?"有数位农民围过来,指着北边说:"小刘寨村靠北的地方就是天禄阁。天禄阁小学是很悠久的小学,可惜学生越来越少了。"

石渠阁位西,天禄阁位东,几乎在一条线上。当年辞赋家、哲学家和语言学家扬雄在天禄阁上班,由于他的学生刘棻及甄丰和甄寻父子反对王莽,受到牵连。一天扬雄正在天禄阁校书,狱吏赶来抓他,其急中夺门而出,从天禄阁跳下去。没有死,遂进了监狱。王莽还明理,见扬雄只是因为有人拜他为师学习知识,并无反意与反举,就下令放了他。

建 章 宫

汉武帝太初元年,公元前 104 年,柏梁台遭火烧而毁。有巫进言,当再筑更大的栋宇,可以得到吉祥,这便是厌胜法。

刘彻总是想成仙,信巫,从而接受巫论,作建章宫。其在长安城以外,未央宫西侧,上林苑之中。这里有建章乡,遂为建章宫。

其豪华之极,深奥之极。南门阊阖门,以象天主所在的紫微宫之门。其椽头有玉璧装饰,也谓之璧门。阊阖门内有别风阙,高迈过墙,上有铜凤凰,置之于转枢,迎风而旋。这一带还有玉堂殿,阶陛尽以玉砌。北门内有嶕峣阙,崇而有度,严不失雅。

建章宫北起圜阙,张衡有赋曰:"圜阙耸以造天,若双碣之相望。"又有流行的歌曰:"长安城西有双圜阙,上有双铜雀,一鸣五谷生,再鸣五谷熟。"建章宫东营凤凰阙,西营神明台。

前殿颇为崔嵬,临未央宫,并可以俯察其亭。现在它仍存隆起近乎八米的夯土台基,有高堡子村盘踞其顶。

为天桥加盖,镶栏,成一个空中楼廊,谓之飞阁,也就是阁道或辇道。建章宫便有飞阁越垣跨池,进长安城,连未央宫,并由未央宫至桂宫,至北宫,至明光宫,至长乐宫,真是所谓的巧夺天工!

有奇华殿,傍建章宫所作,西域诸国贡献的器服珍宝,无不充塞其中。这些方物尽走丝绸之路而来,当为汉武帝所乐。

建章宫盛超未央宫,不唯汉武帝,之后的汉昭帝和汉宣帝,都于斯处理军国大事。

史记,建章宫周回三十里,殿二十六座,有千门万户之美。可惜王莽当了皇帝,要造九庙,竟拆而用其柱梁砖瓦,建章宫遂毁。

唐长安城与丝绸之路

唐长安城

李渊把隋文帝的大兴城拿过来而改之,就是唐长安城。

它的主要规划者和具体构思者是宇文恺。那时候,龙首原还是一片颇近原始形势和气象的土地,可以一览无余。宇文恺走来走去,用心观察,发现龙首原自东北至西南而倾,其大平,小起伏,隐然呈六坡,有高有低。他遂以乾卦六爻的意义寓于自己的设计之中:九二置宫城,九三立百司,九五为贵位,从而以玄都观与大兴善寺镇之。

唐长安城的宫城、皇城和外郭城平行而陈,不过皆压其轴线。轴线贯而穿之,衡而无偏,以齐于天。宫城象征着北辰,皇城之衙署象征了围绕北辰之紫微垣,外郭城便象征了环拱北辰之群星。

实际上也并不玄乎,无非是天人合一和君权神授的一种表达而已。这样的追求显然伟大至极,因为现在的建筑多是人民币之所作祟,究竟有何思想呢!

唐长安城背靠龙首原,目击终南山,左临浐与灞,右挽涝与沣,确乎是雄踞关中。它的大内有三:太极宫,大明宫,兴庆宫。大内的故事无不精彩,甚至今之人仍会津津乐道。东西设十四条大街,南北设十一条大街,初划一百零八坊,卒为一百零九坊。面积大约 84 平方千米,人口大约一百万。在此生活的不仅有唐人,还有其他国族的使节、质子、商贾、演艺者及宗教传播者,还有留学生。唐长安城固然是天子的城,它也是国际化大都市。其中胡人颇为活跃,蔚然有了胡风。

唐长安城北面为禁苑,不开城门。它南面有三门,居中是明德门,偏东是启夏门,偏西是安化门。东面有三门,居中是春明门,偏北通化门,偏南延兴门。西面有三门,居中是金光门,偏北开远门,偏南延平门。所有的城门都置三门洞,唯明德门五门洞,其至宽极阔,经朱雀门街,通朱雀门,再经承天门街,通达承天门并玄武门。其长大约8.651千米,谓之轴线。

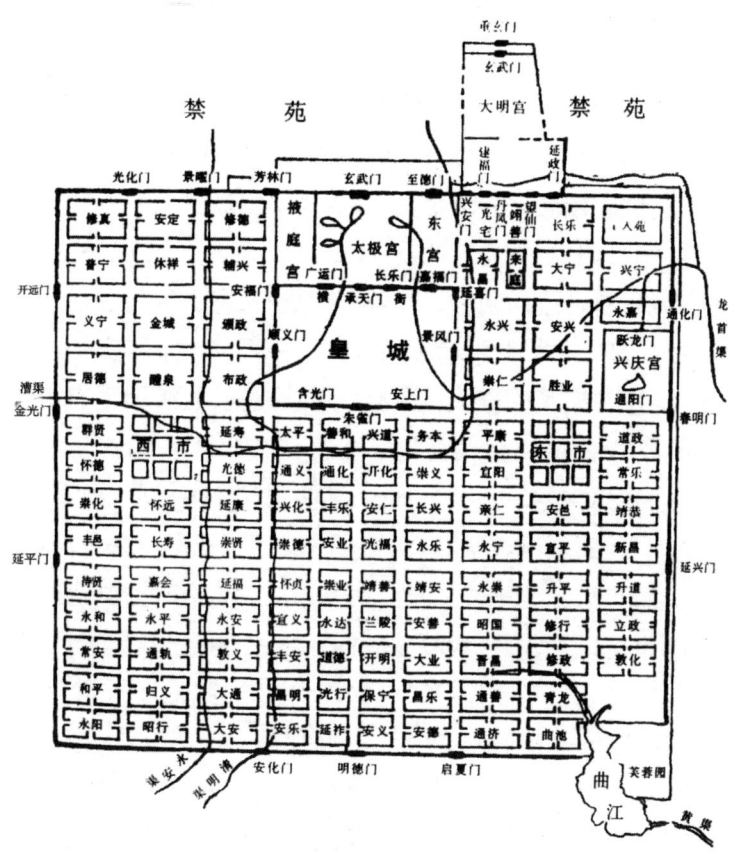

唐长安城平面图

唐高祖在这里坐江山,为唐之发踪。算武则天,共有22位唐皇帝,其中杰出的是唐太宗和唐玄宗。唐太宗有贞观之治的荣誉,是因为他的文治武功。唐玄宗也有开元之治,颂为太平盛世。杜甫赞其:"稻米流脂粟米白,公私仓廪俱丰实。"可惜唐玄宗的太平盛世也存在两极分化,所以杜甫也责其:"朱门酒肉臭,路有冻死骨。"

唐皇帝身在龙幄之中,但宏愿却常至西域之远,遂有安西都护府和北庭都护府的设置,丝绸之路的绝与通。

唐长安城曾经出现过信仰自由。唐政府的高官也多是诗人。宰相张九龄与苏颋,尚书右丞王维,监察御史刘禹锡与柳宗元,左赞善大夫白居易,同中书门下平章事元稹,京兆尹兼御史大夫韩愈,无不有杰作流传。当官为文,见证了他们的精神高度、学问积累和语言艺术,也是所有时代官员的一个参照。然而诗人多难,李白和杜甫,皆在长安不得志。

从唐长安城脱颖而出的两个女人,尽为中国历史之最。武则天,最具权势的女人,杨贵妃,最具美貌的女人。

唐长安城也有自己的阴影。吐蕃兴师进犯,据之十五昼夜,天子不得不离开了它。为防吐蕃入之,京师的戒严一而再,再而三。回纥更是可恶,以其有功,遂在唐长安城威风凛凛,动辄作怒。唐嫁公主有七:弘化公主嫁吐谷浑,文成公主和金城公主嫁吐蕃,宁国公主、咸安公主、永安公主、太和公主,皆嫁回纥。七公主外嫁,实为唐长安城的隐痛!

明清的西安城,作于唐皇城夯土之上,其面积只占唐长安城面积十分之一略强一点,小巫见大巫矣!自立西安市之后,这里的建筑便向四面膨胀。进入21世纪以来,高楼大厦见缝插针,无空不起,看起来已经完全覆盖了唐长安城的基础,甚至逾越了它的外郭城,可叹遗址所剩无几矣!凡皇城、大明宫、兴庆宫、圜丘坛、芙蓉苑、曲江池、朱雀门、含光门、明德门、大慈恩寺及其大雁塔、荐福寺,还有小雁塔、大兴善寺及青龙寺,固然都是遗址,可惜其何处是故态呢?究竟保留着多少唐的元素呢?遗址几乎皆在宏栋广宇的间隙之中难以呼吸。从西安美术学院门口东望而去,会发现岑参所咏的耸天宫而压神州的大雁塔顿然变矮,是因为它东有高楼大厦,其赫然一片,遂使大雁塔仿佛偎在了它的怀里!

太 极 宫

太极宫就是隋宇文恺所设计的大兴宫。

它坐落于长安城北部,又居中央,并压明德门至朱雀门至承天门至玄武门之轴线。唯我独尊,至高无上,南面为王,是皇帝的普遍心理。太极宫的位置及其形式,便典型地体现了此心理。

太极宫之门颇多。南六门,最雄阔最庄重的是承天门,其东长乐门,再东广运门,再东永春门,其西永安门。北三门,玄武门,其东安礼门,再东玄德门,也就是东宫之北门。东一门,曰凤凰门。西二门,靠南曰通明门,靠北曰嘉猷门。

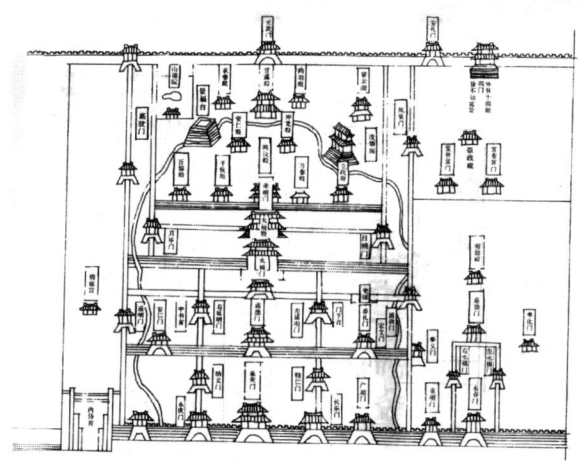

太极宫——宋刻太极宫图

李渊为唐高祖,其登基以后,封长子李建成为太子,次子李世民为秦王,三子早死,封四子李元吉为齐王。李世民久立凌云之志,想当太子,攻势甚猛。李建成和李元吉便结成同盟,反击李世民。斗争激烈,一触即发。到唐高祖九年，公元626年，夏日的一天，李世民遂向唐高祖密奏太子和齐王淫乱嫔妃，并藏害他之谋。唐高祖惊诧，诏太子和齐王质询。李建成和李元吉不知道真相，便乐见唐高祖。走到临湖殿，忽觉异常，遂俄顷调马而逃。实际上李世民已经伏兵玄武门，发现兄弟逃跑，拉弓就射杀了李建成，尉迟敬德也冲上去射杀了李元吉。局势遂由李世民掌控，唐高祖不得不封秦王为太子，两个月以后，为唐太宗取代唐高祖，李渊做了太上皇。此为玄武门之变。

太极宫四面筑墙，以保证安全。南墙在今之莲湖路跨北大街通西五路一线，贴莲湖路的西五台，当是一段残垣。北墙在今之西安城安远门外自强路一带，起高伏低，遂有气势。东墙在今之解放路一带，这里楼厦遍地，完全湮灭了。西墙的基础就是今之西安城西墙北段的基础。经测，太极宫东西长大约2820米，南北长大约1492米。

太极宫以东是东宫，太子住于斯，以西是掖庭宫，嫔妃住于斯，官宦之家的罪妇也住于斯。太极宫与东宫之间，太极宫与掖庭宫之间，皆以三丈五尺之墙隔阻着，若壁垒一般，严禁走动。不过史记，太子李建成为打倒秦王李世民，曾经结交嫔妃，以让她们诽谤秦王，夸赞太子。资料显示，太子李建成与张婕妤及尹德妃之间还有性关系，不过也未必可靠。失败者已经闭嘴，但胜利者却大享传播之权力，既可以述，又可以作。唐太宗贞观元年，公元627年，李世民即皇帝位，就是在东宫的明德殿进行的。

太极宫前殿是太极殿。在隋其为大兴殿，唐高宗武德元年，公元618年，改之为太极殿，设东上阁和西上阁。中朝于斯，无非是皇帝召见大臣，处理朝务。也许是考虑到君臣会晤的方便，唐政府的机构，凡门下省、中书省、弘文馆、史馆、舍人院，皆在太极殿东墙外侧或西墙外侧。唐高祖和唐太宗共执政32年，基本上令从此出。名相房玄龄、杜如晦，名将李靖、尉迟敬德，谏臣魏征，也多在此工作。

太极殿以北是两仪殿，其在隋为中华殿，唐太宗贞观五年，公元631年，应瑞改之。内朝于斯，无非是皇帝的日常活动。一旦有军国大事密谋,皇帝便令亲信到此。两仪殿的气氛比较轻松,不十分拘礼。

唐高祖传位于李世民以后,心情总体上颇好。唐太宗贞观八年,公元634年,西突厥有使节至长安,他在两仪殿设宴请之。感慨遂生,便对长孙无忌说:"当今蛮夷率服,古未尝有。"显然是夸奖唐太宗,并高兴地以酒赐之。唐太宗甚为激动,赶紧奉觞敬父。其尽管为上,毕竟是子。太宗流泪表白自己所做,遵循的是父意。

环两仪殿,主要是东侧、西侧和北侧,还有甘露殿、神龙殿、武德殿、承庆殿、千秋殿、百福殿、凝阴殿、承香殿、紫微殿、雍和殿、嘉寿殿。唐太宗尝在嘉寿殿请突厥人贺鲁用餐,以结互利关系,不过到唐高宗执政,他便施以对抗。甘露殿宽宏,唐玄宗自蜀返长安,居兴庆宫一段即迁居此,不久在神龙殿逝世。

太极殿以南为承天门,它是太极宫颇为特殊的一个门,横街甚阔,俨然广场。外朝于斯,凡改朔、元旦、大赦、阅兵、受俘,皇帝都会登临承天门举行一定的仪式。承天门遗址当在今之莲湖公园。

平吐谷浑是在太极宫决定的。唐太宗也在太极宫决定打高昌,随之设西州和庭州,置西域都护府。唐能有效治理西域,掌握丝绸之路上的贸易,这是关键的一步。

大 明 宫

大明宫在当年多为诗人所咏。

唐太宗贞观八年,公元634年,李世民在龙首原上,禁苑之内,长安城东北一带,筑永安宫,以让唐高祖清暑。这里地势隆起,秦岭在望,当是旷放凉爽之处。可惜李渊崩,无福享受。一年以后,取意如日之升,则曰大明,改永安宫为大明宫。到唐高宗龙朔二年,公元662年,唐高宗取意如山之寿,则曰蓬莱,又改大明宫为蓬莱宫,并修缮而迁之。唐高宗离开太极宫,是由于他患有风痹,湫湿之地,妨碍健康。当然太极宫的房子也拥蔽了,空间小,不敞亮。唐高宗龙朔三年,公元663年,征十五州民财,减百官一月俸禄,筹其经费,对蓬莱宫轰然扩建,遂为壮丽。唐高宗咸亨元年,公元670年,又改之为含元宫。到周武则天长安元年,公元701年,又改之为大明宫。

经测,大明宫东墙长大约2614米,西墙长大约2256米,略呈楔形。大明宫南墙与皇城北墙有一段重叠。大明宫南墙有五座门,正门是丹凤门,其东望仙门,再东延政门,其西建福门,再西兴安门。大明宫北墙一门,曰玄武门,东墙一门,曰太和门,西墙一门,曰日营门。

丹凤门相当于太极宫的承天门,其以大明宫前殿含元殿配合,皇帝于斯举行外朝。含元殿左右有砌道盘曲上下,谓之龙尾道。王维诗曰:"降帻鸡人报晓筹,尚衣方进翠云裘。九天阊阖开宫殿,万国衣冠拜冕旒。"颂其大明宫早朝之盛。

在唐政府任职的,也有西域诸国之士。天竺的、波斯的、康国的、安国的、龟兹的、疏勒的、于阗的,以功以技,皆置岗位。大明宫的早朝,他们也参加,遂有王维之吟。

宣政殿在含元殿以北300米处,皇帝多于斯举行中朝,也在此举行大试,录取贤良方正之士。杜甫诗曰:"天门日射黄金榜,春殿晴曛赤羽旗。宫草微微承委佩,炉烟细细驻游丝。"状其宣政殿退朝之怡。宣政殿两侧有门下省、中书省、弘文馆、史馆、御史台、待制院,以图工作之方便。宣政殿也用于外事活动。唐玄宗开元十八年,公元730年,吐蕃有重臣论名悉猎一行入朝示和,上于斯接见。上列以羽林仗,又赐其袍带器物。唐肃宗曾经在此设宴慰劳对收复长安和洛阳有功的回纥叶护,并赐锦绣缯彩及金银器物。唐德宗贞元四年,公元788年,应回纥之求,上欲嫁咸安公主。回纥叶护极为重视,竟派宰相一行,包括女士56人,共计千余,至长安赫赫迎接。上也重视,选宣政殿接见。

紫宸殿在宣政殿以北,皇帝多于斯举行内朝。紫宸殿也是会用于外事活动的。唐玄宗开元十五年,公元727年,上于斯接见突厥毗伽可汗的使者梅录啜。梅录啜实际上是回纥人,他在七年以后毒杀毗伽可汗,不过毗伽可汗趁自己未死又报复了梅录啜。唐肃宗有求回纥助唐,以平安史之乱,遂多次在这里飨会回纥的使者和权贵。公元758年,请使者亥阿波一行80人,又请大首领盖将一行,以感谢照顾下嫁的宁国公主,又请了回纥的三个豪妇。公元759年,请回纥王子骨啜特勒及宰相帝德一行15人,旋以骨啜特勒返其行营,上又请之。

延英殿在紫宸殿以西,是重要的议政之所。从唐肃宗起,皇帝每有咨度,或大臣欲奏,便在此召对。唐肃宗上元元年,公元760年,回纥使者延支伽里一行十人至长安,于斯谒上。唐代宗宝应元年,公元762年,上在此会晤吐蕃使者烛番、莽耳一行,其献方物,上也分别有赐。唐代宗永泰元年,公元765年,以郭子仪的智勇,回纥同意盟约,重申协唐打击吐蕃。上大悦,遂在这里设宴祝贺,回纥宰相护地毗伽一行196人出席,可谓盛矣!

大明宫有太液池,水波粼粼。在其西岸是麟德殿,皇帝往往在这里召见亲信,偶尔也会晤外国使者。武则天为女皇帝,似乎尤好于斯进行外事活动。周武则天长安二年,公元702年,有都督陈大慈四战吐蕃,无不胜之,斩首千余级。吐蕃赞普器弩悉弄示和,遂派使者论弥萨一行入朝,武则天在此会晤,并置酒以享。皇帝兴之所至,好在麟德殿举行蹴鞠或乐舞一类的娱乐。武则天接见论弥萨,演奏百戏。百戏为表演艺术,节目甚多,论弥萨睹之大为惊诧,向女皇帝说:"臣生于边荒,由来不识中国音乐,乞放臣亲观。"武则天慷慨,同意论弥萨一行自己看一看。论弥萨一行欣赏之后愉快至极,对武则天拜而谢之,说:"臣自归投圣朝,前后礼数优渥,又得亲观奇乐,一生所未见。自顾微琐,何以仰答天恩,区区褊心,唯愿大家万岁。"尽管吐蕃展现了谦逊,然而它仍会攻唐的。周武则天长安三年,公元703年,武则天还在此会晤并请了日本执节大使粟田朝臣真人。唐德宗曾经于斯接见回纥公主,且有礼赠。唐宪宗时,回纥改回鹘。至唐宪宗元和八年,公元813年,回鹘提出和亲,派使者伊难珠来朝,上便在这里请之，并赐其帛品和银货。

唐高宗以后，大明宫固然已经是唐的政治中心，不过皇帝即位、婚礼、葬礼，仍在太极宫举行。

现在建有大明宫遗址公园，可惜流行元素太重，遂堵塞了思唐之灵穴。

兴 庆 宫

初适兴庆宫公园，在读大学，是组织活动，当时情有所恋，心不在焉，遂粗略浏览，仅仅留下了木茂水曲的印象。之后携孩子乐游，因为总念其安全，也便未能诚意欣赏。

此公园南门以一街之隔正对西安交通大学，所以有一个观点认为，1958年修建的兴庆宫公园，是为了大学教授的娱乐。他们是从上海过来的，素有跳舞为娱的习惯，西安没有这样的环境，未免委屈他们，遂选唐兴庆宫遗址造了此公园。并无官方文件作为证词，然而想起来这也符合情理。

兴庆宫公园湖光

唐有三大宫殿,太极宫和大明宫皆依龙首原而作,唯兴庆宫靠南,不仗其高亢之势。这是唐玄宗的决定。破俗越习,也只有唐玄宗胆壮如是。

李隆基是唐睿宗的三子,富于英武之才。七岁那年,他以严整之骑从适朝堂,将军武懿宗见其仪仗十分威重,顿生嫉妒,便打算削弱它。不料遭李隆基抗议,他叱喝道:"吾家朝堂,干汝何事?敢迫吾骑从!"当此之际,武则天大揽朝政,甚至武懿宗也是她的人,不过知道孙子七岁竟如此自信坚毅,也颇为喜悦。庸才也只能得到庸才之好,然而异人所好的总是大才,可惜世间永远是庸才多,异人和大才少。

宫廷未免出现斗争,有时候斗争还非常惨烈。唐中宗景龙四年,公元710年,李隆基与太平公主联合剪除了韦氏势力,立其父李旦为皇帝,是唐睿宗,他有功,遂为太子。两年以后,唐睿宗让位给李隆基,是唐玄宗。唐玄宗开元元年,公元713年,他又逼太平公主自杀,并消灭了她的势力。太平公主是武则天的女儿,唐玄宗的姑姑,然而只要妨碍李隆基执政,他照样动武。

唐玄宗有气魄,也有措施。登基以后,他先整肃军队,接着调动大臣,当罢的罢,手段很硬,以姚崇为宰相,治权归他,并纠奢华之风,反对厚葬,也常常读史,形势大利。欧阳修论唐玄宗说:"方其励精政事,开元之初,几致太平,何其盛也!"不过唐之衰,也是从他开始的,此并非没有根源。

李隆基兄弟五个,小的早逝。武则天赐他们居长安城东南的隆庆坊,为五王子宅,附近就是春明门。有一年,这里的井涌流其水,汪然为池,因为处于隆庆坊,遂称隆庆池。望气者认为隆庆池有天子气,遂在上巳节泛舟其水以压之,并频频在此宴游。五王子宅临水,不久便出了皇帝唐玄宗。改隆庆坊为兴庆坊,隆庆池为兴庆池,以避讳李隆基之大名。

唐玄宗似乎对太极宫和大明宫没有多少兴趣。他显然有自己的打算,遂在开元二年,公元714年,于兴庆坊大兴土木,为自己作兴庆宫。诸兄弟都是明白人,欣然献其宅,以增广之。兴庆宫之大当然不止兴庆坊,永嘉坊和胜业坊的一半以后也归纳其中了。

兴庆宫共营造了15年,始为离宫,卒为朝堂。开元十六年,公元728年,李隆基于斯处理军国大事。在此之前,即公元726年,筑其复道北上,以方便唐玄宗潜往大明宫。在此以后,即公元732年,又筑复道南下,以方便唐玄宗携丽人游曲江池和芙蓉苑。复道也是夹城,沿外郭城东墙而修,共7970米。在工作和生活上,兴庆宫显然都占尽了优越。然而事有不妙:唐玄宗天宝十五年,公元756年,安禄山攻破潼关,唐玄宗仓皇之中,弃京师而去。从头至尾,他居兴庆宫二十九年,足证对这里的喜欢。

经测,兴庆宫东西墙长大约1080米,南北墙长大约1250米,面积大约2016亩。其以墙分兴庆宫为二:北区和南区。北区以殿堂为主,有兴庆殿、南熏殿、大同殿、龙池殿。南区以园林为主,是温柔之乡,有兴庆池或龙池,水上频行彩舫花船,还有沉香亭和长庆殿。今之兴庆宫公园在其南区,也只是兴庆宫园林的一个部分。

凡皇帝之居,朝堂之门多向阳,太极宫和大明宫便是如此,不过兴庆宫突破了中国传统建筑的审美理念:其西面而作,正门兴庆门,对着日落的方位,确实有反常惊世之异。李隆基兄弟宁王、申王、岐王和薛王,献宅有德,遂环兴庆宫而住,栋宇皆在其西。兴庆宫有一个重要建筑是花萼相辉楼,两层,以一街相望并相连于诸王宅。其豪华,不失恢宏。李隆基与兄弟关系亲密,题花萼相辉是以棠棣之意喻兄弟的合欢。史记,有天唐玄宗闻诸王乐奏,便召其上花萼相辉楼,同榻而坐,击鼓吹箫。

唐玄宗在花萼相辉楼也飨群臣,这往往是乘兴为之。突厥毗伽可汗之妻见突厥灭,自己就带了一批随从归附唐,唐玄宗能不喜悦吗?他一乐便请百官吃饭,甚至作诗吟咏突厥夫人至长安。

兴庆宫公园有西门,走出去便是卧龙巷,是明清及民国以来的街巷。这一带属于隆庆坊五王子宅的范围,也当为兴庆宫所辖。现在它尽为民房、杂货店、馒头店、手机收费店,零星而设,还经常停有收破烂的架子车,显得脏和乱。不过在卧龙巷的深处,有一棵巨大的国槐,老皮苍枝,颇有历史感和悠远性。

龙池以北是兴庆殿,巍峨壮丽,为兴庆宫的主体,唐玄宗的外交活动往往于斯进行。可惜未发现他在此接见谁,印度、波斯或高丽的宗教家和旅行家,似乎都没有到兴庆殿来过。当然也可能我有疏忽,没有发现。

兴庆宫公园的北门设于过去的兴庆殿一带,遗憾这里也多是饭摊、麻将摊、鞋摊,人来人往的。越街巷而过,尝是一家印染厂,破产以后,供一家公司盖楼,其宣传策略便是借势:什么皇家故地,什么近在龙池,并可以呼吸兴庆宫公园的芳气。楼起而高,显然会卖得大价。

勤政务本楼应该为前殿或相当于前殿,凡改朔,受俘,宣布大赦,会晤大臣,多在这里进行。不过也未必严正,唐玄宗也喜欢在这里请百官吃饭和赏戏。此楼竣工于唐玄宗开元八年,公元720年,当时李隆基36岁,正是把社会推向太平的日子。

不过也有苗头显示,唐玄宗将自满骄傲,追求享受,直至沉溺声色之中。八月五日是唐玄宗的生日,有大臣发现了征兆,便要迎合唐玄宗,搞一点个人崇拜。到开元十七年,公元729年,逢唐玄宗45岁生日,这一天百僚便表请每年的八月五日为千秋节。唐玄宗同意,并布告天下,遂设宴豪酺,热烈祝贺。群臣竞进万寿酒,王公士庶也纷纷献礼,唐玄宗甚为得意。

李隆基的颓废是在其执政25年以后变得严重了。这一年他所宠的武惠妃亡,感情顿然失落。他也53岁了,渐入老境,心理遂倾向消极。大约三年以后,见杨玉环,眼睛蓦亮,虽然她是自己的儿子寿王李瑁之妃,唐玄宗也决定采,不过这需要一番手续。开元二十九年,公元741年正月初二是唐玄宗母亲窦氏忌日,杨玉环愿意为窦太后追福,上遂度寿王妃为女道士,号太真,住太贞观,这便解除了李瑁和杨玉环的婚姻关系。天宝四年,公元745年,唐玄宗诏册杨玉环为贵妃,唐玄宗61岁,杨贵妃27岁。实际上几年之前见杨,杨就侍寝唐玄宗了,不过办理了这些手续,便合法了,杨也就能名正言顺地侍寝唐玄宗了。唐玄宗显然酷爱她,甚至难以割舍。有杨贵妃的生活似乎变成了一种享受,遂把工作都交宰相李林甫了,李亡,便交宰相杨国忠,杨贵妃的堂兄了。这些几乎都是在兴庆宫发生的,它将见证唐的盛衰转折。

兴庆宫有沉香亭,就是以沉香木造的亭。天宝某年春天,牡丹绽放,唐玄宗携贵妃赏牡丹,一时兴起,命李龟年演唱,艺术家便按惯例歌起来,皇帝不悦,说:"赏名花对妃子,焉用旧乐词为!"立即遣李龟年持金花笺,觅翰林学士李白进乐词。李白当时正在酒肆醉眠,然而不敢有违皇帝之诏,遂在陶然之中填词三首以为乐。李龟年持乐词匆匆返兴庆宫,唐玄宗看了高兴,遂呼梨园弟子弄其丝管,李龟年歌之。杨贵妃端玻璃杯浅酌西凉州葡萄酒,微微而笑,含有厚意。唐玄宗兴味更浓,竟吹玉笛以伴奏。

李白所填词三首,其中一首是:

> 一枝红艳露凝香,
>
> 云雨巫山枉断肠。
>
> 借问汉宫谁得似,
>
> 可怜飞燕倚新妆。

高力士悄悄告诉杨玉环:"以飞燕指妃子,是贱之甚矣!"赵飞燕是汉成帝皇后,可惜没有儿子,乱交,其妹妹又使汉成帝纵欲猝死。高力士如是联系,杨玉环便积怨李白了。李白初到长安来那年,狂狷得很,曾经让高力士为他脱靴,高深以为耻。挑拨杨贵妃憎恨李白比他恼李白有用多了,因为杨贵妃可以在枕边向唐玄宗进谗言。果然,李白断了仕途,不得不离开长安,浪荡天下而去。

难得倾国倾城之貌,唐玄宗昏昏庸庸,耽于妩媚,陷入凝脂。春宵帐暖,秋夜帏爽,军国之事日日敷衍,直到范阳鼙鼓滚滚而来,大梦方醒。匆匆向蜀避难,过马嵬驿,六军行义,箭杀了杨国忠,接着要求对杨贵妃正法。唐玄宗无可奈何,只得让高力士协助吊杀了杨贵妃,遂入剑阁。唐玄宗一失兴庆宫,二失美人,三失皇帝之位,尤其是唐朝以震荡而衰。

唐肃宗至德二年,公元 757 年,唐军收复长安,李隆基才愀然归京师,仍居兴庆宫,不过身份已经是太上皇了。当时是冬天,万木萧条,龙池一层白冰。不知道为什么在他78岁那年要从兴庆宫迁太极宫,总之不久遂崩。

不过唐玄宗对西域始终有足够的重视,甚至任其三子李亨为安西大都护。他对突厥和吐蕃的措施都很强硬,因为他知道,西域诸国,凡实体大一点的,包括大食,无不在谋取对丝绸之路的控制。

随着兵火和风雨的摧残,兴庆宫一路倾圮,剥蚀,悄然湮灭。到清朝终结之前,这里已经蜕为农田,长麦子,长菜。不过毕竟是兴庆宫遗址,遂常常于斯可以拣到唐瓦和唐砖。到1958年,用其遗址的一个部分,建造了一个公园,也算是对那个朝代的纪念。

2011年7月9日,我情怡意散,考察了兴庆宫遗址,徘徊公园的桥上与树下,进南门,出北门,走西门,辞东门,唐的痕迹一无所见,唐的气象稀薄近无。几个仿古之亭楼虽为点染,然而欠其韵味,遂显生硬。尤其不堪的是,公园里儿童玩耍设施随意安放,也有失先进,更在一隅挖潭养鱼,诱客垂杆而钓,钓而火烤,竟使青烟袅袅,随风飘之,变历史感和悠远性之地为平淡的市井之状,让人摇头惋惜。

然而它毕竟是兴庆宫公园,木生几十年,蓊郁成荫。凡国槐、雪松、雪杉、侧柏、刺柏、银杏、皂荚、柽柳、三角枫、五角枫、白蜡树、核桃树,往往粗壮难搂,撩云难望。地有起伏,水呈蛇委,在西安也是一种可贵。

参考书目

司马迁:《史记》,中华书局,1982年。

班固:《汉书》,中华书局,1962年。

范晔:《后汉书》,中华书局,1965年。

魏徵等:《隋书》,中华书局,1973年。

刘昫等:《旧唐书》,中华书局,1975年。

欧阳修、宋祁撰:《新唐书》,中华书局,1995年。

沙门释法显撰,章巽校注:《法显传校注》,中华书局,2012年。

董志翘译注:《大唐西域记》,中华书局,2012年。

向达:《唐代长安与西域文明》,河北教育出版社,2001年。

中国汉传佛教陕西祖庭调研组:《陕西·中国汉传佛教祖庭研究》,陕西人民出版社,2006年。

何清谷:《三辅黄图校释》,中华书局,2006年。

程大昌撰,黄永年点校:《雍录》,中华书局,2002年。

葛洪撰,周天游校注:《西京杂记》,三秦出版社,2006年。

武伯纶:《西安历史述略》,陕西人民出版社,1979年。

武复兴:《唐长安旧事》,上海文化出版社,1987年。

周谷城:《中国通史》,上海人民出版社,1957年。

国家图书馆善本部敦煌吐鲁番学资料研究中心:《敦煌与丝路文化学术讲座(第二辑)》,北京图书馆出版社,2005年。

胡振华主编:《中亚五国志》,中央民族大学出版社,2006年。

足立喜六著,王双怀、淡懿诚、贾云译:《长安史迹研究》,三秦出版社,2003年。

[法]伯希和等著,耿昇译:《伯希和西域探险记》,人民出版社,2011年。

［法］列维等著,冯承钧译:《王玄策使印度记》,中国国际广播出版社,2013年。

［法］阿里·玛扎海里著,耿昇译:《丝绸之路——中国—波斯文化交流史》,中国藏学出版社,2014年。

［瑞典］斯文·赫定著,孙仲宽译,杨镰整理:《我的探险生涯》,新疆人民出版社,2013年。

［瑞典］斯文·赫定著,江红、李佩娟译:《丝绸之路》,新疆人民出版社,2013年。

［英］奥利尔·斯坦因著,向达译:《斯坦因西域考古记》,新疆人民出版社,2013年。

［日本］橘瑞超著,柳洪亮译:《橘瑞超西行记》,新疆人民出版社,2013年。

［美］比尔·波特著,马宏伟、吕长清译:《丝绸之路》,四川文艺出版社,2013年。

后 记

感谢司马迁,感谢班固,感谢魏徵,感谢刘昫,感谢欧阳修和宋祁!——感谢这些先贤,是因为他们的纪录都成了我的资料。非常清楚,没有他们的著作,我能做什么呢?

我也感谢伯希和,感谢列维,感谢阿里·玛扎海里,感谢斯文·赫定,感谢奥利尔·斯坦因,感谢橘瑞超。他们的探险与考古,以文物和遗址证明了丝绸之路的伟大,而且也发轫了丝绸之路的叙述和研究。他们的著作,常常会把我带至辽阔的视界,并催我领悟。

我也发现,凡中国以外的学者叙述和研究丝绸之路,或探险,或考古,皆是读了中国历史的,甚至极为熟悉。可惜中国一些所谓的专家,对丝绸之路的纵论或放议,似乎缺乏对中国历史的深入了解。炮声隆隆,多是空的。悲夫!

二〇一六年二月六日,窄门堡